Vladimir Petrov Kostov

Promenade astro-historique

Vladimir Petrov Kostov

Promenade astro-historique

Presses Académiques Francophones

Impressum / Mentions légales
Bibliografische Information der Deutschen Nationalbibliothek: Die Deutsche Nationalbibliothek verzeichnet diese Publikation in der Deutschen Nationalbibliografie; detaillierte bibliografische Daten sind im Internet über http://dnb.d-nb.de abrufbar.
Alle in diesem Buch genannten Marken und Produktnamen unterliegen warenzeichen-, marken- oder patentrechtlichem Schutz bzw. sind Warenzeichen oder eingetragene Warenzeichen der jeweiligen Inhaber. Die Wiedergabe von Marken, Produktnamen, Gebrauchsnamen, Handelsnamen, Warenbezeichnungen u.s.w. in diesem Werk berechtigt auch ohne besondere Kennzeichnung nicht zu der Annahme, dass solche Namen im Sinne der Warenzeichen- und Markenschutzgesetzgebung als frei zu betrachten wären und daher von jedermann benutzt werden dürften.

Information bibliographique publiée par la Deutsche Nationalbibliothek: La Deutsche Nationalbibliothek inscrit cette publication à la Deutsche Nationalbibliografie; des données bibliographiques détaillées sont disponibles sur internet à l'adresse http://dnb.d-nb.de.
Toutes marques et noms de produits mentionnés dans ce livre demeurent sous la protection des marques, des marques déposées et des brevets, et sont des marques ou des marques déposées de leurs détenteurs respectifs. L'utilisation des marques, noms de produits, noms communs, noms commerciaux, descriptions de produits, etc, même sans qu'ils soient mentionnés de façon particulière dans ce livre ne signifie en aucune façon que ces noms peuvent être utilisés sans restriction à l'égard de la législation pour la protection des marques et des marques déposées et pourraient donc être utilisés par quiconque.

Coverbild / Photo de couverture: www.ingimage.com

Verlag / Editeur:
Presses Académiques Francophones
ist ein Imprint der / est une marque déposée de
AV Akademikerverlag GmbH & Co. KG
Heinrich-Böcking-Str. 6-8, 66121 Saarbrücken, Deutschland / Allemagne
Email: info@presses-academiques.com

Herstellung: siehe letzte Seite /
Impression: voir la dernière page
ISBN: 978-3-8381-7803-5

Copyright / Droit d'auteur © 2013 AV Akademikerverlag GmbH & Co. KG
Alle Rechte vorbehalten. / Tous droits réservés. Saarbrücken 2013

Table des matières.

Préface..3
Chapitre 1. Corrélation et ressemblance de noms…..5
   1.1. Définition de la corrélation entre deux mots...5
   1.2. Les généraux de la Première Guerre Mondiale...................................11
   1.3. Les généraux de la Seconde Guerre Mondiale....................................12
   1.4. Noms d'enclaves...14
Chapitre 2. Aspects astrologiques…...20
   2.1. Conjonctions, oppositions et autres aspects..20
   2.2. Exemples de couples d'événements dont les dates forment des aspects........24
   2.3. Période faste et trou de Saturne...28
   2.4. Exemples de synthèse..31
Chapitre 3. Les Nœuds Lunaires...41
   3.1. Définition astronomique des Nœuds Lunaires....................................41
   3.2. Nœuds Lunaires et périodicité historique..43
Chapitre 4. L'horoscope chinois..50
   4.1. Sur la structure de l'horoscope chinois..50
   4.2. La Règle 1..51
   4.3. La Règle 2..53
   4.4. La Règle 3..55
   4.5. La Règle 4..60
   4.6. La Règle 5..63
   4.7. Remarques sur l'horoscope chinois et l'histoire...................................65
   4.8. Les deux batailles de Lissa..66
Appendice 1. Débuts et fins des années de l'horoscope chinois.......................69
Appendice 2. L'alphabet cyrillique..71
Références...72

A ma fille Miléna,
A mon père
    Et à la mémoire de
Ma mère,
Mes grands-parents
Et de nos amis Despa et Valtchan

Préface.

Ce livre s'occupe de la question quelle est l'influence du choix des noms et des dates sur le cours de l'histoire. Son but est de donner des exemples instructifs de coïncidences historiques et de répétitions d'événements selon les noms et/ou les dates qui peuvent nous guider vers la bonne réponse à cette question.

Avant de devenir personnalité historique, on devient personnalité tout court. Et deux des facteurs qui contribuent à la construction de cette personnalité sont notre date de naissance et notre nom. Ce sont les vibrations avec lesquelles nous entrons dans la vie pour nous réaliser.

En réalité, c'est tout notre thème astral qui caractérise notre personnalité. Ce thème définit nos réactions primaires à des situations modèles et indique les grandes lignes de notre caractère. Il est vrai qu'une bonne partie de ce dernier est innée et définie dès la naissance, ce qui laisse néanmoins une marge pour l'éducation qui nous sera donnée par nos parents, nos proches, nos instituteurs et la société en général. Le moment de notre naissance est celui quand nous quittons l'utérus de notre mère pour prendre le premier gorget d'air dans nos poumons. C'est ce moment qui laisse comme trace dans notre mémoire sous consciente l'empreinte des astres.

Plus tard, nous commençons à entendre le prénom qui nous a été donné par nos parents. Il servira de code à l'aide duquel les autres s'adresseront à nous. A toute occasion quand nous entendons notre prénom ou quand nous l'écrivons (en signant, par exemple, des documents importants), nous nous rendons compte qu'il fait partie de notre personnalité.

Chaque fois quand nous tentons de réaliser un projet, nous devons entrer en contact avec d'autres personnes. Donc, les vibrations de notre date de naissance et de notre nom entrent en communication avec celles de personnes dont notre projet dépend et en fonction de l'harmonie (ou de son absence) entre nous et les autres notre projet sera réalisé plus ou moins bien ou éventuellement pas du tout.

Le même est vrai quand il s'agit d'un événement historique. Car il y a toujours l'interaction de personnes et des vibrations de leurs dates de naissances et de leurs noms autour de projets qui se réalisent ou pas. Mais il y a également l'influence des noms d'objets géographiques qui peuvent devenir scènes de batailles ou des lieux où des traités sont signés. Il y a aussi les influences planétaires du jour et de l'année qui agissent sur tous les protagonistes d'un événement. Toutes ces influences sont des objets d'étude de ce livre.

Quand il s'agit de couples d'événements historiques, on peut faire la comparaison entre les deux événements du couple en tenant compte des aspects astrologiques entre ces dates selon l'horoscope occidental (conjonctions, oppositions, sextiles, carrés etc.). Ces aspects nous expliquent si les influences planétaires étaient favorables ou non à l'accomplissement de ce que les protagonistes différents avaient prévu. Ils correspondent à des intervalles de temps entre les événements de petite échelle, dans le cadre d'une année civile, de l'ordre de jours et des mois. Même quand l'écart dans le temps entre les deux événements est de plusieurs années, on tient compte seulement du jour et du mois de l'événement. La période durant laquelle ces influences agissent est de quelques jours.

On peut également s'intéresser à l'influence planétaire qui provient de la révolution des Nœuds Lunaires (avec une période d'environ 18.5 ans) ou de celle liée à l'horoscope chinois. Il s'agit ici d'une autre échelle, plus grande, qui nous mène à la question de la répétition des événements historiques quand les influences planétaires durent plus longtemps. Dans le cas de l'horoscope chinois on peut dire qu'elles restent les mêmes durant une année.

Le livre est structuré comme suit : le chapitre 1 est consacré aux ressemblances de noms dans des contextes divers, y compris historique et géographique. Le chapitre 2 s'occupe des aspects astrologiques tels que conjonctions, oppositions, carrés etc. Ces aspects sont définis entre deux jours de l'année. Ils concernent le jour et le mois. On y parle aussi du trou de Saturne, la période néfaste de 50 jours qui précède notre anniversaire. Le chapitre 3 parle des Nœuds Lunaires et de la périodicité de 18.5 ans définie par leur révolution. Le chapitre 4 concerne l'horoscope chinois et la répétition d'événements liée à celui-ci. On retrouve ici les aspects définis dans le chapitre 2, mais dans une échelle temporelle plus grande. Les deux derniers chapitres sont liés plutôt à l'année qu'au mois et au jour.

Chacun des chapitres commence par un plan. Les deux appendices concernent l'horoscope chinois et l'alphabet cyrillique.

Le livre peut être considéré comme une suite autonome des livres [1] et [2].

Chapitre 1. Corrélation et ressemblance de noms.

Dans ce chapitre on considère la ressemblance entre les noms et les divers aspects dans lesquels elle influence notre vie et les événements historiques. Le paragraphe 1.1 contient la définition de la corrélation entre deux mots ainsi que des exemples de haute corrélation et/ou ressemblance entre noms dans des contextes et avec des conséquences différents. Les paragraphes 1.2 et 1.3 donnent des exemples de l'histoire militaire (comment des ressemblances entre noms de chefs militaires ou entre leurs noms et les lieux des opérations militaires ont influencé les issus des batailles). Dans le paragraphe 1.4 on considère les noms de villes enclavées ou partagées de l'histoire moderne et on constate qu'ils forment des séries de noms qui se ressemblent.

1.1. Définition de la corrélation entre deux mots.

Un des thèmes de ce livre est celui de l'influence du nom de quelqu'un sur son destin. Le plus souvent on considère des exemples liés à l'histoire, mais on peut trouver de tels exemples dans la vie quotidienne. Commençons par celui du nom de l'homme d'affaires américain Donald John Trump. « Trump » veut dire « atout ». Pas étonnant que ce nom soit porté par une personne qui illustre l'idée de la réussite sociale.

Notre deuxième exemple est celui de l'entreprise **Bic**, créée en 1944 à Clichy par Marcel Bich. Elle produit (entre autres) des stylos à **bi**lle et des **bri**quets. On peut supposer que les noms de ces produits commerciaux, c'est-à-dire leur consonance avec le nom de l'entreprise, aient stimulé les patrons à porter leur choix sur eux. Les trois lettres communes consécutives entre « Clichy » et « Bich » ont sûrement aussi contribué au succès de l'entreprise. Voici encore deux exemples de consonance entre un nom et une activité professionnelle – Philippe Varacher, éleveur de bovins (il suffit de comparer « Varacher » avec « vache ») et Pascal Dr**ouv**in, éleveur d'**ovin**s. Si le nom d'un métier a littéralement pris place dans le nom d'une personne, pas étonnant que la personne veuille s'investir dans ce métier.

En 2008, en France, des sabotages des caténaires sur les lignes TGV ont eu lieu. La police a arrêté comme suspect Julien Coupat qui devait passer plusieurs mois en détention préliminaire avant d'être relâché faute de preuves. Il avait attiré l'attention des autorités par ses publications contenant des idées anarchistes. Mais on peut également supposer que la ressemblance entre son nom et le mot « coupable » a aussi contribué à le rendre le suspect idéal aux yeux de la justice.

Si vous êtes le juge d'instruction, vous allez sans doute réfuter une telle thèse comme insensée. Vous allez peut-être reconnaître que ce sont les publications du suspect qui vous ont influencé dans votre décision de le mettre en détention provisoire. Mais imaginez que vous devez lire et prononcer le nom Coupat plusieurs fois par jour durant l'instruction. Ce qui agit sur vous au plan inconscient. Rappelez-vous de cette expérimentation, quand on a projeté un film avec chaque vingt-quatrième cadre remplacé par l'inscription « J'ai faim », et quand après la séance, le public s'est précipité vers le buffet ? Plus tard, on a interdit de telles expérimentations pour empêcher la manipulation des masses. N'oublions pas – le nom de quelqu'un fait partie de sa personnalité et peut influencer la façon dont les autres le perçoivent.

Continuons la liste des exemples. Le Roi d'Angleterre George VI bégayait. Pour se faire soigner, il sollicita l'aide d'un orthophoniste nommé Lionel Logue. On ne peut pas s'empêcher d'observer que « Logue » rappelle le mot grec λόγος [l'ogos] qui signifie « mot » ou « discours ». C'est un exemple comment le nom par son sens (ne serait-ce que dans une autre langue) a dirigé l'individu vers son métier. Ce petit épisode historique a été raconté dans le film plusieurs fois oscarisé « The King's speech » (« Le Roi parle »).

Parfois les noms d'objets géographiques ressemblent aux noms de personnes qui y ont trouvé la mort. Dans certains cas une telle ressemblance fait penser à un lien karmique. On peut donner comme exemple la mort du Président polonais Lech Alexander Kaczyński et des personnes officielles qui l'accompagnaient en avril 2010, dans un crash d'avion près de Smolensk en Russie. Le Président s'y rendait pour commémorer le 70ème anniversaire des massacres de la forêt de Katyn (Катынь) en 1940, quand plus de 21 000 officiers polonais ont été tués par l'NKVD soviétique. On ne peut pas s'empêcher d'observer que les lettres en commun entre « **Ka**czy**ń**ski » et « **Katyn** » sont dans le même ordre, les premières et deuxièmes lettres sont identiques, le « ń » polonais et le « нь » russe se prononcent de la même façon. La ressemblance serait complète si le Président s'appelait « Katyński » (qui, en polonais, signifierait « de Katyn »).

Passons au XIXe siècle. Le financier américain Jay Gould a provoqué avec James Fisk la panique du Vendredi Noir (le 24 septembre 1869). Observons que les deux prénoms commencent par les mêmes deux lettres (ce qui a certainement favorisé la bonne entente entre les deux personnes), mais surtout que « Gould » contient le mot « gold » (« or » en anglais) et que « Fisk » fait penser à « fiscal » (le mot est le même en anglais et en français). Les deux protagonistes étaient bien concordés par leurs prénoms, et leurs noms portaient tous les deux des allusions à une affaire d'argent.

Il est curieux de remarquer que le nom de l'industriel américain Henry Clay Frick ressemble beaucoup à celui de Fisk (mêmes premières et dernières lettres et mêmes voyelles). Comme l'influence de la langue française dans ce cas n'est pas pertinente, la ressemblance entre « Frick » et « fric » ne sera pas prise en compte. Par contre, l'anniversaire partagé de la mort de Gould et Frick (le 2 décembre 1892 et 1919) est intéressante à noter, mais de telles observations seront importantes surtout dans le chapitre suivant. C'est là que nous pourrons remarquer que les dates de naissance et de mort de Gould (il était né le 27 mai 1836) sont en opposition, que son anniversaire est en trigone avec la date du Vendredi Noir etc. Ce qui montre qu'on rencontre souvent dans le même événement historique des coïncidences qui proviennent des noms et celles dues aux dates.

Comme on l'a déjà dit, deux lettres sur trois de « Jay » sont contenues dans « James ». Pour formaliser l'importance du taux de lettres en commun entre deux mots, nous introduisons la définition suivante :

Définition. *Si on est donné deux mots, avec* m *et* n *lettres respectivement et avec* p *lettres communes, la* corrélation *des deux mots est égale au plus grand des deux rapports* p/m *et* p/n. *Ainsi la corrélation est un nombre rationnel, compris entre 0 (si les deux mots n'ont aucune lettre en commun) et 1 (si toutes les lettres du plus court des deux mots sont contenues dans l'autre ; en particulier, c'est les cas de deux anagrammes).*

Dans ce qui suit, nous respectons la règle suivante dans le but (entre autres) de ne pas faire la différence entre les orthographes différentes des mots dans les langues différentes.

Règle I-U. *En calculant la corrélation entre deux mots, on ne fait pas la différence entre les lettres « i », « y » et « j » (en lettres cyrilliques, entre « и », « й » et « ы »), ni entre « u », « v » et « w ». En écriture russe, on ne fait pas la différence entre « е » et « э ». On ne tient pas compte des accents.*

L'appendice 1 contient l'alphabet cyrillique et les équivalents phonétiques français de ses lettres.

Parlons un peu de l'histoire d'Angleterre. Une des choses qui ont rendu célèbre son Roi Henry VIII sont ses six femmes. Il s'agit de Catherine d'Aragon, Anne Boleyn, Jane Seymour, Anne de Clèves, Catherine Howard et Catherine Parr. Le penchant du Roi pour les Catherine peut s'expliquer par la corrélation de 100% entre ce prénom et « Henry ». Les deux premières ont connu un sort peu enviable – Catherine d'Aragon a vu son mariage avec le Roi annulé et a fini ses jours enfermée et sans doute empoisonnée. Catherine Howard a été accusée d'adultère et exécutée. La corrélation entre « Jane » et « Henry » est de ¾ (c'est-à-dire 75%) et celle entre « Anne » et « Henry d'à peine 50%.

Parmi les hommes les plus proches du Roi il y avait cinq Thomas : Thomas More, Thomas Cromwell, Thomas Wolsey, Thomas Boleyn (père d'Anne Boleyn) et Thomas Cranmer. (Le père de Catherine Parr s'appelait Thomas lui aussi ; sans doute ce prénom était-il à la mode à la fin du XVe siècle.) Les deux premiers étaient exécutés pendant le règne d'Henry VIII, le dernier en 1556, pendant le règne de Mary 1ère. Thomas More, l'auteur d' « Utopia », avait refusé de reconnaître le mariage d'Henry VIII avec Anne Boleyn. Quant à Wolsey, accusé de haute trahison, il est mort d'une maladie lors de son chemin vers Londres. On ne peut pas dire s'il aurait connu le même sort que les autres ou non. Thomas Boleyn a perdu son fils et sa fille, exécutés tous les deux sur ordre du Roi. (Observons que la corrélation entre « Henry » et « Thomas » est de 20%.)

Et la liste des Thomas ayant croisé leurs épées avec la dynastie des Tudor ne s'arrête pas là. En 1554, Thomas Wyatt le Jeune s'est rebellé contre la Reine Mary 1ère (il n'approuvait pas son idée de se marier à Philippe d'Espagne). En 1569, Charles Neville et Thomas Percy voulaient déposer la Reine Elisabeth 1ère et la remplacer par Mary, la Reine d'Ecosse. En 1571, Thomas Howard voulait épouser cette dernière et remplacer Elisabeth par elle. Tous ces trois Thomas ont été exécutés.

Continuons avec nos exemples. Le Premier Ministre britannique Benjamin Disraeli occupait (avant de devenir Premier Ministre) le poste de Chancelier de l'Echiquier dans le gouvernement de son ami Lord Derby. C'est pourquoi on parle souvent du gouvernement de Derby-Disraeli. La corrélation de 4/5 entre leurs noms et les premières lettres identiques font croire à la bonne entente entre ces deux hommes politiques.

Un autre exemple de ressemblance de noms d'hommes politiques, proches l'un de l'autre, est celui du Président français Nicolas Sarkozy et du directeur central du renseignement intérieur Bernard Squarcini. La corrélation est de 4/7, mais en tenant compte de la prononciation identique des lettres « k » et « q », elle deviendrait égale à 5/7. De plus, les premières et les dernières lettres sont les mêmes.

Le Président français François Mitterrand a appelé sa fille Mazarine car il était fasciné par la personnalité du Cardinal Mazarin. La corrélation entre « Mitterrand » et « Mazarin » est de 5/7 et les premières lettres sont identiques. Cela peut expliquer (ne serait-ce qu'en partie) cette fascination. De plus, Mitterrand était Scorpion, Mazarin était Cancer ; donc, ils étaient natifs de deux signes d'eau, c'est-à-dire, de deux signes amis.

Le linguiste et historien des religions français Georges Dumézil a influencé dans leur recherche d'autres historiens dont Georges Duby. Hormis le prénom partagé, les noms ont une corrélation de ¾ (en tenant compte de la Règle I-U) et leurs deux premières lettres sont identiques.

On peut supposer que le communiste connu André Marty ait été attiré par le marxisme en partie à cause des trois premières lettres communes entre « Marty » et « Marx ». On peut supposer le même à propos du menchevik Martov, mais dans ce cas il faut savoir que « Martov » n'était qu'un pseudonyme. En réalité, il s'appelait Iouliï Ossipovitch Tséderbaum. Néanmoins, il est possible qu'il ait adopté ce pseudonyme car ce qui lui rappelait Marx et le marxisme lui paraissait beau.

Les deux mathématiciens Alfred James Lotka et Vito Volterra n'ont jamais travaillé ensemble, mais ils ont déduit le même système d'équations différentielles (connu comme le système de Lotka-Volterra ou comme le modèle proie-prédateur). Leurs noms ont une corrélation de 4/5, ce qui explique leur intérêt pour le même problème. Et puisqu'on parle de mathématiques, observons que l'exemple suivant n'est pas un contre-exemple : Docteur Mathé, médecin généraliste. Peut-être éprouvait-il une attirance pour les mathématiques, mais le nom seul n'est évidemment pas suffisant pour assurer la capacité de faire des mathématiques à un niveau professionnel. Dans ce cas le choix de la personne se porterait sur une autre discipline.

Le général et homme politique français **Adolphe** Edouard **Casimir** Joseph Mortier (né en 1768, mort en 1835) n'avait rien d'un bon orateur. On peut supposer qu'il ait pu jouir des coïncidences de ses noms avec ceux des chefs de gouvernement de l'époque de Louis-Philippe, **Casimir** Pierre Perier et **Adolphe** Thiers. Observons aussi la répétition du prénom Pierre chez Perier et François Pierre Guillaume Guizot, un autre chef de gouvernement de cette époque-là (sans oublier la ressemblance entre « Pierre » et « Perier »). Et aussi que Louis-Philippe, Perier et Guizot étaient tous les trois des natifs du signe de la Balance. Ce qui montre que des vibrations semblables (provenant de dates de naissance et/ou de noms) peuvent attirer les hommes vers la résolution de problèmes (politiques, sociaux, scientifiques etc.) analogues.

L'héroïne principale de la trilogie « Millénium » (romans écrits par Stieg Larsson, portés sur l'écran en 2009) s'appelle Lisbeth Salander. Elle est bisexuelle. On peut supposer que dans son choix de prénom, l'auteur ait été inconsciemment influencé par la consonance entre « **Lisbe**th » et « **lesbi**enne ».

Donnons un exemple dans le même sens, mais fourni par l'histoire. Le 16 janvier 1969, l'étudiant tchèque Jan **Pal**ach (né le 11 août 1948, mort le 19 janvier 1969) s'est donné la mort par le feu en guise de protestation contre l'invasion soviétique. Son nom peut faire penser au verbe « **pal**it » (« brûler » en tchèque). La corrélation de 4/5 entre son nom et celui de Prague (« Praha » en tchèque), ainsi que les premières lettres et les premières voyelles partagées, a aussi aidé à ce que son nom reste bien gravé dans la mémoire pragoise, tchèque et européenne. Observons que Palach était né sous le signe du Lion, un signe du **Feu**. Et que son année de naissance est celle où les communistes tchèques ont pris le pouvoir par le coup de Prague (en février 1948).

Moins connus en dehors de la République Tchèque sont restés l'étudiant Jan Zajíc (né le 3 juillet 1950, mort le 25 février 1969) et le communiste réformateur Evžen Plocek (né le 29 octobre 1929, mort le 9 avril 1969) qui ont suivi l'exemple de Palach. Plocek s'est donné la mort à Jihlava. Il n'est pas clair si la corrélation de 3/5 entre « Jihlava » et « Praha » a aussi influencé la décision de Plocek.

Il est curieux de se rappeler que pendant les protestations pacifiques en Bulgarie après le 10 novembre 1989, le jour où on a renversé le dictateur communiste Todor Jivkov, un homme nommé Plamen Stantchev a déclaré son intension de se donner la mort par le feu pour exprimer son rejet de la réticence des communistes d'enlever les symboles du régime totalitaire (tels que l'étoile rouge à cinq sommets sur l'un des bâtiments gouvernementaux au centre ville de Sofia). Finalement, Stantchev a été dissuadé de mettre son projet en exécution. Le prénom « **Plam**en » (« **Плам**ен ») provient de « пламък » (« **flam**me » en bulgare). Les trois lettres consécutives communes « l », « a », « m » indiquent qu'il s'agit d'une racine indo-européenne commune. Les trois premières lettres de « Plamen » sont celles de « Palach » pour la même raison linguistique.

Un exemple comment des noms semblables ont attiré des événements analogues est celui des localités (en Allemagne Sud) Ostrach et Stockach où deux « batailles jumelles » ont eu lieu le 20-21 et le 25 mars 1799, lors des guerres révolutionnaires françaises. La corrélation entre les deux mots est de 6/7, la ressemblance est évidente. Un autre exemple de deux « batailles jumelles » (plus écartées dans le temps et l'espace) serait celui des confrontations soviético-japonaises près du lac Khassan/Hassan (Хасан), entre le 29 juillet et le 11 août 1938, et à Khalkhin/Halhin Gol (Халхин Гол), entre le 11 mai et le 16 septembre 1939. Pour évaluer la proximité de ces noms on va considérer l'orthographe russe car c'est l'alphabet cyrillique qui était utilisé en l'URSS et en Mongolie. La corrélation entre « Хасан » et « Халхин » est de 3/5, les premières, deuxièmes et dernières lettres sont les mêmes. L'échec japonais de 1939 explique pourquoi le Japon n'a pas attaqué l'URSS durant la Seconde Guerre Mondiale. Plus tard, dans chapitre 2, nous tiendrons compte (pour un couple d'événements comme en 1938-1939) du fait que le *début* du deuxième conflit armé est en carré exact avec la *fin* du premier. Il n'est pas étonnant de trouver plusieurs ressemblances à la fois dans un couple d'événements analogues – entre les noms, les dates etc.

Parfois la ressemblance se limite aux initiales, mais néanmoins cela peut donner des exemples instructifs. Dans ce sens, on peut se rappeler que le nom du groupe de rock ABBA est composé des premières lettres des prénoms de ses membres (Agnetha, Benny, Björn et Anni-Frid). Donc, on peut dire que les initiales des chanteurs sont en harmonie. Et il est clair que pour donner l'harmonie (dans des chansons) au public il faut d'abord être en harmonie avec les autres musiciens du groupe, pour chanter d'une seule voix.

En pensant aux frères Edmond et Jules G**oncour**t, on peut se poser la question qui serait mieux placé pour fonder un c**oncour**s littéraire qui devienne une tradition incontournable.

Nous allons clore ce paragraphe par un exemple à la fois sérieux et anecdotique. Si vous avez des amis danois et si un d'entre eux veut s'excuser d'être obligé d'aller aux toilettes, il peut vous dire : « Je ne veux pas finir comme Tycho Brahe. » Cet astronome célèbre est mort en 1601 suite à une crise des reins ou de la vessie. Elle s'était aggravée à cause de sa décision, malgré un besoin pressant, de ne pas aller aux toilettes durant un dîner officiel à Prague ; il craignait que ceci aurait été perçu comme un non-respect de l'étiquette. Quand il jouissait d'une certaine popularité auprès de la cour royale danoise, Brahe a persuadé le Roi de faire construire sur une des îles danoises un observatoire (en réalité, une petite ville) nommé Uraniborg d'après Urania, la muse de l'astronomie. On constate alors que ce nom, qui illustre le sens de la vie de Brahe, ressemble beaucoup au mot qui explique la cause de sa mort – « urine ».

1.2. Les généraux de la Première Guerre Mondiale.

Pendant la première bataille de la Marne (1914), le danger était réel que Paris puisse tomber aux mains des Allemands. La situation exigeait des efforts concordés de la part des commandants franco-britanniques pour que l'attaque soit repoussée et le front stabilisé. On peut chercher dans les noms de ces commandants une partie de la réponse à la question pourquoi les forces alliées y sont parvenues. Voici la liste de ces noms :

Joseph Joffre ;
Michel Maunory ;
Joseph Gallieni ;
Sir John French ;
Franchet d'Espèrey ;
Ferdinand Foch ;
Ferdinand de Langle.

La présence de deux Joseph et de deux Ferdinand saute aux yeux. C'est comme si le destin avait choisi des personnes qui subissaient les mêmes influences des vibrations de leurs noms pour qu'elles soient dirigées vers le même but. Il faut le dire tout de suite : les rapports entre les deux Joseph étaient conflictuels. Donc, être bien concordé par les vibrations de son nom au besoin de défendre sa patrie ne signifie pas forcément être en bonne entente l'un avec l'autre.

Le prénom « John » a une corrélation de ¾ avec « Joseph » et les deux premières lettres sont identiques. De plus, le nom « French » a une corrélation de 100% avec « Franchet » (et toujours deux premières lettres identiques). Son sens « français » est encore une indication à quel point le commandant britannique s'intégrait bien dans un collectif français. Et, peut-être, ce nom montre que le général était prédestiné à combattre sur le sol français.

A propos de « Franchet ». Ce prénom contient « France », le nom de sa patrie, et

« Franchet d'Espèrey » porte allusion à « l'espoir de la France » ou « la France espère ». Et puis, la corrélation entre « France » et « Ferdinand » est de 5/6 et les premières lettres sont les mêmes.

Ne manquons pas d'observer que la corrélation entre « Gallieni » et « Langle » est de 100% et que celle entre « Foch » et « French » est de ¾. Enfin, si on se permettait de mélanger noms et prénoms, il faudrait mentionner la corrélation de ½ entre « Joseph » et « Joffre » et entre « John » et « Joffre » (les deux premières lettres étant identiques) ainsi que celle de 4/6 entre « French » et « Ferdinand ».

Le seul dans le groupe qui n'a pas été mentionné jusqu'à présent est Michel Maunory. Son nom comporte une corrélation de 4/5 avec le nom de l'objet géographique qui a donné le nom de la bataille : la « Marne ». Et les deux premières lettres sont les mêmes.

Les noms des commandants allemands ne sont pas dotés d'une telle concordance entre eux. Il s'agit de :

Helmuth von Moltke ;

Karl von Bülow ;

Alexander von Kluck ;

Albrecht, Duc de Württemberg.

La plus grande ressemblance est celle entre « Alexander » et « Albrecht » (corrélation de ½ et mêmes deux premières lettres). Celle entre « Moltke » et « Marne » est encore plus faible.

On ne peut pas s'empêcher d'observer que von Bülow (né le 24 avril 1846) et Gallieni (né le 24 avril 1849) partageaient le même jour d'anniversaire ainsi que d'Espèrey (né le 25 mai 1856) et von Moltke (né le 25 mai 1848).

1.3. Les généraux de la Seconde Guerre Mondiale.

Le général américain Dwight David Eisenhower était le commandant en chef des forces américaines en Europe. Son nom peut être associé à toutes les opérations militaires sur ce continent. Son prénom Dwight ressemble beaucoup au nom de l'île de Wight au Sud de l'Angleterre. Cette île était d'une importance stratégique de premier plan. Sa défense était renforcée en vue d'une tentative allemande de débarquement. Lors du débarquement allié en Normandie, elle était un des points de départ pour les navires qui devaient traverser La Manche.

Le nom du général ressemble beaucoup au nom de la ville hollandaise Eindhoven. La corrélation (en tenant compte de la Règle I-U dans le paragraphe 0.2) est de 7/9, l'ordre des lettres communes est exactement le même et les deux premières lettres sont identiques. Cette ville était libérée en septembre 1944, lors de l'Opération Market Garden dirigée par le général Bernard Montgomery, une opération qui a échouée. La ville libérée était le peu positif que les alliés ont su tirer de ladite opération.

Le général Omar Bradley a participé aux campagnes de Tunisie, Sicile et Normandie. Il s'est emparé de Bizerte le 7 mai 1943. Pendant l'Opération Overlord (juin 1944), une des plages de débarquement dont il était responsable était Omaha Beach. Après cela il a dirigé la libération de la Bretagne. Chacune des deux corrélations, « Bradley » – « Bizerte » et « Bradley » – « Bretagne », vaut 4/7, les premières lettres des trois mots sont les mêmes, pour le deuxième couple cela concerne les deuxièmes lettres aussi. La ressemblance entre « Omar » et « Omaha » est évidente. Pourtant, il s'agit ici du nom d'une plage, nom inventé peu avant l'Opération Overlord.

Le feld-maréchal allemand Albert Kesselring s'est distingué par sa participation à la bataille du col de Kasserine en Tunisie (en 1942, sous le commandement d'Erwin Rommel). La ressemblance entre « Kesselring » et « Kasserine » est évidente. Plus tard, en 1943, il assuma le commandement des opérations terrestres en Italie. La bataille la plus dure pour les alliés de cette période fut celle de Monte Cassino, où les pertes alliées étaient de plus de 100 000 tués et blessés contre plus de 20 000 tués du côté allemand. La ressemblance entre « Kesselring » et « Cassino » est aussi évidente (en tenant compte du fait que le « c » de « Cassino » se prononce comme [k]).

Le général Heinz Guderian a appliqué sa théorie de la Blitzkrieg (la guerre éclair) dès la campagne de Pologne de 1939 : il a commandé les forces armées allemandes qui attaquaient depuis la Prusse Orientale vers le Sud. On peut observer la corrélation de 5/6 entre les noms « Guderian » et « Danzig » (entre « Guderian » et « Gdansk » elle est de 4/6). Le nom de cette ville est lié au début de la Seconde Guerre Mondiale (et, donc, à la campagne de Pologne de 1939) : l'Allemagne refusait d'accepter que son territoire soit coupé en deux par le couloir polonais et que la ville allemande Danzig soit une ville libre. Plus tard, en 1940, Guderian a fait passer ses chars à travers les Ardennes, ce qui a fait craquer la défense française à Sedan. La corrélation entre « Guderian » et « Ardennes » est de 5/8.

C'est aussi au plateau des Ardennes qu'eut lieu la dernière offensive allemande de la Seconde Guerre Mondiale. Elle était dirigée par le feld-maréchal Gerd von Rundstedt. La corrélation entre « Rundstedt » et « Ardennes » est aussi de 5/8, mais l'offensive allemande a échoué. La corrélation toute seule ne pouvait pas faire des miracles. Pourtant, une ressemblance extraordinaire de noms s'est manifestée dans le contexte d'une bataille gagnée par von Rundstedt : il a fait échouer l'opération alliée nommée Market Garden en septembre 1944 aux Pays-Bas. Rappelons-nous que la grande agglomération hollandaise s'appelle Randstad (« ville en forme d'anneau » en hollandais, nom existant depuis les années 1920) et comparons « Rundstedt » (« ville ronde » en allemand) avec « Randstad ». Il est vrai que l'agglomération reste à l'Ouest par rapport à la zone des combats de 1944, mais aux Pays-Bas, les distances ne sont pas longues.

Le maréchal allemand Walther Model a montré ses capacités de stratège (entre autres) à la bataille de Koursk. Il commandait l'attaque qui venait du Nord, du côté de la ville d'Orel (en russe Орел, prononcé « aryol »). La corrélation entre « Model » et « Orel » est de ¾, les lettres communes sont dans le même ordre et les terminaisons sont identiques. Il est à noter qu'en russe il serait plus correct d'écrire « Орёл », mais en russe moderne il existe la tendance d'omettre le tréma, sauf s'il s'agit de noms d'origine étrangère dont l'orthographe russe n'est pas bien connue.

Le 7 février 1941, 115 000 Italiens se rendaient à Benghazi après des combats contre les Britanniques. Un officier britannique écrivit à ce propos : « Nous avons 5 acres d'officiers [prisonniers de guerre] et 200 acres d'autres rangs. » (Environ 20 000 m2 et 810 000 m2 respectivement.) Le général Tellera était grièvement blessé et succomba à ses blessures. Le général Bergonzoli fut fait prisonnier. Son meilleur sort peut être sans doute attribué en partie à la forte ressemblance entre son nom et celui de la ville (corrélation de 6/8, mêmes premières deux et dernières lettres, mêmes premières et dernières voyelles).

1.4. Noms d'enclaves.

Dans ce paragraphe, on s'intéresse aux noms de villes, régions et pays qui ont été partagées, ou enclavées, ou qui jouissaient d'un statut spécial pendant l'histoire moderne. On va observer que leurs noms présentent des corrélations et ressemblances étonnantes, comme s'ils voulaient nous indiquer leur destin semblable, d'être des carrefours géographiques là où l'histoire a choisi de faire rencontrer les intérêts contradictoires des peuples.

On trouve toute une série d'exemples de noms qui sont fortement corrélés avec le nom de la ville de Berlin. Partagée en deux par un mur durant la Guerre Froide, cette ville symbolisait le partage d'Europe entre l'Occident démocratique et l'Orient communiste. Sa partie Ouest était enclavée dans l'ex-RDA. Dans le livre [1], on a déjà observé la ressemblance entre les noms de Berlin et de Bendery, une autre ville partagée entre la Moldavie propre et la république séparatiste de Transnistrie. Cette dernière est elle-même enclavée entre la Moldavie et l'Ukraine. Ainsi la zone peuplée par des Allemands était partagée entre l'RFA, l'RDA et Berlin Ouest, tout comme la zone peuplée par des roumanophones est partagée entre la Roumanie, la Moldavie et la Transnistrie. (Mais en Transnistrie les roumanophones sont moins de la moitié de la population.) C'est cette observation qui nous pousse à nous occuper de la question du partage de régions et de villes, ainsi que de la création d'enclaves et de villes jouant d'un statut spécial. Commençons par des exemples de noms commençants par « B » et qui ont une corrélation importante avec « Berlin ». Logiquement, le tout premier doit être celui de Brandenbourg (corrélation de 4/6, premières lettres et deux premières consonnes identiques). C'est la province (Land) allemande dans laquelle est enclavée la ville de Berlin (mais sans en faire partie).

La région de Bessarabie (corrélation de 4/6 avec « Berlin » et mêmes premières lettres), comme la ville de Bendery qui s'y trouve, est partagée entre la Moldavie, l'Ukraine et la Transnistrie. Ainsi que le peuplement de Bulgares qui se sont expatriés en Bessarabie au XVIIIe et XIXe siècle suite aux guerres russo-turques. En bulgare, les mots « българин » (« Bulgare ») et « Берлин » (« Berlin ») ont une corrélation de 5/6. D'ailleurs, c'est à Berlin qu'on a décidé en 1878 de partager la Bulgarie (libérée de domination ottomane après une guerre russo-turque) en trois : une partie était constitué en principauté indépendante, l'autre en région autonome au sein de l'Empire Ottoman et le reste était rendu à celui-ci. Quand les deux premières parties se sont réunies en 1885, l'Empire Ottoman a retenu jusqu'en 1912 le port de Bourgas faisant jadis partie de la région autonome. Son nom commence par « B » et le troisième son entendu est le « r », comme dans le cas de « Berlin ». Donc, ce port est resté comme une enclave ottomane entourée par le territoire bulgare.

C'est la constitution belge qui a servi de modèle pour la première constitution bulgare. On observe bien la ressemblance entre les mots « Bulgarie » et « Belgique » ; quant au destin d'être partagé, dans le cas de la Belgique il s'agit, bien évidemment, du partage en zones linguistiques. Le nom de Bruxelles, la capitale de la Belgique, a une corrélation de 4/6 avec « Berlin » (« Belgique » aussi, et la première lettre est toujours « B »). Rappelons-nous que Bruxelles est une des quatre zones linguistiques en Belgique, enclavée dans la zone flamande du Nord. Il y a aussi la zone francophone au Sud et la zone germanophone à la frontière avec l'Allemagne. Ici c'est l'aspect d'être enclavé, mais aussi d'être partagé, qui lie Berlin d'avant 1990 avec Bruxelles car cette dernière ville est bilingue. On y parle flamand (c'est-à-dire hollandais) et wallon (c'est-à-dire français). On ne peut pas vraiment imaginer un partage de la ville le long de frontières linguistiques, mais sur le fond du danger que la Belgique éclate, la perspective la ville de devenir enclavée dans sa partie flamande est bien réelle.

La structure de la Belgique ressemble un peu à celle de la Bosnie-Herzégovine. En effet, il y a la Fédération Croato-musulmane (l'analogue des zones francophone et germanophone ensemble), Republika Srpska (l'analogue de la Flandre) et la ville de Brčko, encore un nom qui commence par « B » (c'est l'analogue de Bruxelles ; pourtant, ce n'est pas la capitale). Si on privilégie la prononciation au lieu de l'orthographe, sa corrélation avec « Bruxelles » serait de 3/5. Sans oublier que la corrélation entre « Bosnie » et « Berlin » est de 4/6.

Dans le livre [1], on a trouvé une symétrie entre l'Allemagne et la Pologne d'entre les guerres d'un côté et la Serbie et la Bosnie-Herzégovine de l'autre. Selon cette symétrie, la ville de Brčko correspond à Danzig/Gdansk. Car Danzig était une ville libre qui coupait en deux le territoire allemand, tout comme Brčko coupe en deux le territoire de Republika Srpska, la partie serbe de la Bosnie-Herzegovine. On peut noter que la corrélation (en orthographe) entre « Danzig » et « Goražde » est de 4/6, celle entre « Gdansk » et « Goražde » est de 3/6 et les premières lettres sont identiques. La ville de Goražde est une enclave de la Fédération Croato-musulmane en Republika Srpska. Rappelons-nous qu'après la chute de Srebrenica et de Zepa lors de la guerre civile de Bosnie (1992-1995), Goražde est restée la troisième enclave musulmane importante en Bosnie Est. Elle n'a pas été prise par les forces serbes. Cette remarque nous rappelle qu'une des façons de former des enclaves est l'éclatement des états multinationaux.

Et puisqu'on a déjà parlé de la Bessarabie, observons que le nom de la région voisine de Boukovine (partagée, elle aussi, mais entre la Roumanie et l'Ukraine) commence par un « B » et a une corrélation de 3/6 avec « Berlin ». On peut penser aussi à la ville de Balta en Ukraine. Celle-ci appartenait à la République Moldave Autonome (RMA) créée par Staline en 1924. Par sa création il voulait montrer la détermination de l'URSS de récupérer un jour la Bessarabie dont la Roumanie s'était emparée en 1918, en profitant de la guerre civile en Russie. Plus tard, la ville a été rendue à l'Ukraine, le reste de la RMA correspond à peu près à la république séparatiste de Transnistrie d'aujourd'hui. La capitale de cette dernière est Tiraspol, dont le nom porte une ressemblance non négligeable non seulement avec Transnistrie, mais aussi avec celui de Taraklia (corrélation de 5/8 et mêmes premières lettres), le centre administratif de la région moldave peuplée par des Bulgares ethniques.

La série d'exemples de noms de villes enclavées qui ressemblent à « Berlin » peut être continuée par Baarle (ville belge, enclavée aux Pays-Bas), elle a une corrélation de 4/6 avec « Berlin » et commence aussi par un « B ». On remarque aussi que Brème (en allemand Bremen) est une ville-province allemande (comme Berlin). Hormis les mêmes premières et dernières lettres, les noms « Bremen » et « Berlin » ont une corrélation de 4/6. On peut dire exactement le même de l'enclave allemande de Büsingen en Suisse. (La terminaison « ingen » signifie « village » en allemand. On la trouve également en hollandais.)

La série d'exemples peut être continuée par le nom de Bangladesh, un pays, qui au début s'appelait Pakistan Est et était une partie de Pakistan, enclavée entre l'Inde, la **Birmanie** et le Golfe du **Bengale** (noms qui commencent toujours par « B » et avec corrélation de 4/6 avec « Berlin »). La frontière entre l'Inde et Bangladesh est très irrégulière, les enclaves sont nombreuses de part et d'autre et il y a même des enclaves dans les enclaves.

On a déjà comparé Bangladesh à la Catalogne, voir le livre [1]. On y trouve une correspondance entre le subcontinent indien et la péninsule ibérique. Les couples d'homologues sont Inde – Espagne, Pakistan – Portugal, Bangladesh – Catalogne, Cachemire – Galice. Népal, Sikkim et Bhoutan peuvent être considérés comme les homologues des Asturies, le Pays Basque et la Navarre où existent encore des langues régionales (et, donc, où la population peut afficher une identité ethnique différente). Notons que « Barcelone » a une corrélation de 5/6 avec « Berlin » et commence aussi par un « B ». On peut rapprocher cette ressemblance au fait que la région historique de Catalogne est partagée entre l'Espagne et la France. C'est le cas du Pays Basque aussi. Les trois noms « Basque », « Bilbao » et « Biarritz » commencent par « B », mais la plus haute des corrélations est de 50% seulement.

Quant à Brunei, sultanat enclavé entre la Malaisie et la Mer de Chine Méridionale, la corrélation entre son nom et « Berlin » est de 5/6, le nom de sa capitale Bandar Seri Begawan commence toujours par un « B » et c'est aussi le cas du nom « Bornéo » de l'île où se trouve le pays. Cette île est partagée, elle aussi (entre trois pays – la Malaisie, l'Indonésie et Brunei).

Puisque c'est avec Berlin que ce paragraphe commence, remarquons que le nom du cosmodrome Baïkonour au Kazakhstan commence par « B » et a une corrélation de 4/6 avec le nom de la capitale allemande. C'est vrai que Baïkonour n'est pas russe, mais ce sont surtout des Russes qui s'occupent du centre spatial. Dans ce sens, on peut parler d'une enclave russe au Kazakhstan. On peut considérer la région autonome juive en Russie comme une enclave juive. Sa ville principale s'appelle Birobidjan (corrélation de 4/6 avec « Berlin »). On trouve la corrélation de 4/6 aussi dans le nom de Burundi, un pays enclavé et créé par la Belgique. Et aussi dans le nom de la base navale de Bizerte (en Tunisie) qui était gérée par la France après la Seconde Guerre Mondiale ; on pouvait donc l'interpréter (pendant cette période) comme une enclave française en territoire tunisien.

Et on peut ajouter à la série d'exemples liés à Berlin les noms de la Biélorussie (Беларусь), pays enclavé d'Europe, Bratislava, capitale de pays enclavé d'Europe, Burkina Faso, pays enclavé d'Afrique, Belize, pays anglophone enclavé dans la zone hispanophone d'Amérique Centrale, Belmopan, sa capitale, Brasilia, capitale et ville-province (comme Berlin). Et on tombe toujours sur la corrélation de 4/6 (pour la Biélorussie on prend son orthographe cyrillique et on compare avec Берлин).

Continuons cette discussion par quelques autres observations sur la ressemblance des noms et le fait que certaines régions historiques sont partagées entre deux ou plusieurs états. En prononciation, les noms des enclaves Cabinda (angolaise) et Kaliningrad (russe) ont une corrélation de 6/7 et les deux premiers sons entendus sont les mêmes. « Kaliningrad » et « Alaska » (qui a aussi été dans le passé enclave russe, mais en Amérique du Nord) ont une corrélation de 4/6. Mais plus intéressante est la ressemblance entre « Alaska » et « Alexandre » (on prend la lettre « x » comme l'équivalent de « ks »). Car c'est le Tsar russe Alexandre II qui a décidé de vendre

Alaska aux Etats-Unis. (La Russie aurait été incapable de défendre ce territoire éloigné après sa défaite dans la Guerre de Crimée.) D'ailleurs, « Kaliningrad » (jadis Königsberg) ressemble aussi à « Klaïpeda » (jadis Memel), ils ont les mêmes premières lettres, mêmes premières voyelles et la corrélation est de 6/8. Il s'agit de deux des plus grandes villes, l'une lituanienne et l'autre russe, qui existent sur le territoire de l'ex-Prusse Orientale.

Le nom de la ville belge de Malmédy ressemble beaucoup à celui de Memel : corrélation de 4/5 et premières lettres identiques. Ce sont des villes principales dans des confins allemands, cédés aux voisins : à la Belgique suite au traité de Versailles et à la Lituanie suite à une rébellion de 1923. On peut trouver une situation semblable dans le cas de l'Italie. Après la Première Guerre Mondiale, le pays était frustré de ne pas avoir reçu la ville de Fiume (Rijeka en croate). Après la Seconde Guerre Mondiale, il a dû céder à la France la vallée de la Roya. Les noms « Rijeka » et « Roya » ont une corrélation de ¾ et les premières lettres sont identiques. C'est vrai qu'ils indiquent des objets différents (une ville et un fleuve), mais « Rijeka » et « Fiume » signifient précisément « fleuve ». Cette coïncidence est complétée par celle des noms « **Dalmatie** » (territoire que l'Italie a dû céder après la Seconde Guerre Mondiale) et le nom de la commune française Saint-**Dalmas**-le-Selvage (San **Dalmazzo** il Selvaggio) de la vallée de la Roya. La commune est petite (moins de 200 habitants), mais c'est là où Mussolini a fait construire une gare démesurément grande. Pendant son règne, la gare se trouvait à la frontière (côté italien) et devait montrer au voisin français la force du régime fasciste.

La corrélation entre les noms « Transilvania » (région abritant une minorité hongroise en Roumanie) et « Val d'Aosta » (région au Nord de l'Italie avec une minorité francophone) est de 7/9, tandis que celle entre « Transilvania » et « Trieste » (qui était ville libre quelques années après la Seconde Guerre Mondiale, comme Danzig entre les guerres) est de 4/7 et les deux premières lettres sont identiques. Observons que la ville de Trieste est un territoire que l'Italie a pu garder après la Seconde Guerre Mondiale et que Tyrol Sud est un territoire qu'elle a acquis après la Première Guerre Mondiale. La corrélation entre « Trieste » et « Tyrol » est de 3/5 (voir la Règle I-U dans le paragraphe 0.2) et les premières lettres sont identiques. On peut comparer le nom « Tyrol » au nom de l'île de Timor (partagée entre l'Indonésie et Timor Est, ce dernier comportant l'enclave d'Oecusse) ; la corrélation est de 4/5 et les deux premières lettres sont identiques (voir la Règle I-U). On peut penser à la région montagneuse de Tibet, partagée entre deux provinces chinoises, mais la ressemblance entre son nom et les autres noms mentionnés ci haut commençant par un « T » n'est pas si élevée. Et on peut se rappeler les noms da la Transnistrie et de Tiraspol mentionnés plus haut aussi.

La ville de Trieste suscitait les convoitises de la Yougoslavie de Tito. (La corrélation de ¾ entre « Tito » et « Trieste » et les premières lettres et premières voyelles identiques ont sans doute contribué aussi à cela.) Dans ce sens, elle ressemble à la ville de Teschen à la frontière tchéco-polonaise. Celle-ci (avec les faubourgs d'alentour) a été partagée entre les deux pays entre les guerres. Au lendemain de la Conférence de Munich de 1938, sa partie tchèque a été occupée par la Pologne (jusqu'au 1er septembre 1939). Après la Seconde Guerre Mondiale, Staline a obligé les deux pays à revenir aux frontières d'avant. La corrélation entre « Trieste » et « Teschen » est de 4/7, celle entre « Trieste » et « Tešin » (l'orthographe tchèque) est de 4/5. Tous les trois mots commencent par « T ». (En polonais la ville s'appelle Cieszyn.)

La corrélation entre les noms des villes polonaises Katowice et Kraków (Cracovie) est de 4/6, les premières lettres et les premières voyelles sont les mêmes et les lettres communes sont dans le même ordre. Ces villes sont des centres de régions qui ont eu une importance particulière dans la définition du territoire polonais. Katowice est le centre de la partie de la Silésie qui a été attribuée à la Pologne suite aux rébellions de cette région après la Première Guerre Mondiale. Cracovie existait en tant que ville libre entre 1815 (le Congrès de Vienne) et 1846. On peut dire qu'elle était un quasi-état qui représentait la nation polonaise.

On peut conclure que les destins semblables d'être ville libre ou enclave sont attirés souvent par le fait de porter des noms semblables. Et que les noms des villes Berlin et Trieste nous donnent deux séries d'exemples dans ce sens. Il n'est pas étonnant de rencontrer des noms commençant par « trans » (tels que Transylvanie et Transnistrie) qui sont liés au partage de territoire. « Trans » signifie « au-delà de », « à travers », on rencontre ce préfixe souvent dans le contexte d'un cours d'eau qui sert de frontière naturelle (par exemple, Cisjordanie et Transjordanie, qui désignent une partie des territoires palestiniens et la Jordanie ; ou Cisleithanie et Transleithanie qui désignaient les parties autrichienne et hongroise au temps du partage de l'Autriche-Hongrie le long du cours de la rivière Leitha). Mais dans notre série d'exemples les noms de ce type restent minoritaires.

Chapitre 2. Aspects astrologiques.

Dans le paragraphe 2.1 on définit les aspects astrologiques tels que conjonction, opposition, trigone, carré etc. Dans le paragraphe 2.2 on considère des couples d'événements dont les dates forment un de ces aspects. Dans le paragraphe 2.3 on parle du trou de Saturne, la période néfaste de 50 jours qui précède notre anniversaire. Enfin, dans le paragraphe 2.4 on présente des exemples de l'histoire dans chacun desquels on trouve plusieurs cas de ces aspects astrologiques ainsi que quelques ressemblances de noms.

2.1. Conjonctions, oppositions et autres aspects.

Dans ce paragraphe on parle de certains aspects astrologiques et de certains couples d'événements historiques dont les dates forment ces aspects. Pour définir les aspects nous allons oublier les années des dates des événements et ne considérer que le jour et le mois. Le Soleil parcourt les 360° du Zodiac dans 365 jours, c'est pourquoi on peut approximer la distance angulaire entre deux positions du Soleil (exprimée en degrés) par le nombre de jours de l'année qui séparent les deux dates.

Définition. *Deux jours de l'année sont dits d'être en* conjonction, sextile, carré, trigone *ou* opposition *si l'angle entre les points respectifs de la position de la Terre sur l'Ecliptique est respectivement de 0°, 60°, 90°, 120° ou 180°. En réalité, on admet toujours une petite déviation (nommée « orbe ») par rapport à cette valeur exacte. Il y a des aspects moins souvent utilisés tels que le semi-sextile, le semi-carré, le sesqui-carré et le quinconce, correspondant à des angles de 30°, 45°, 135° et 150°.*

Beaucoup d'astrologues pratiquent les orbes suivants : 10° pour les conjonctions et les oppositions (s'il s'agit des luminaires, c'est-à-dire le Soleil et la Lune, l'orbe peut aller jusqu'à 12°), 7° pour les carrés et les trigones, 3° pour les sextiles, sesqui-carrés et semi-carrés, 2° pour les semi-sextiles et les quinconces.

En astrologie, on définit ces mêmes aspects quand il s'agit des projections sur le plan de l'Ecliptique de n'importe quelles deux planètes du système solaire. Les sextiles, les trigones et, en fonction des planètes qui les forment, les conjonctions sont considérés comme des aspects favorables (c'est-à-dire les énergies positives des planètes se complètent), tandis que les oppositions, les carrés, les semi-carrés et les sesqui-carrés sont des aspects difficiles (c'est-à-dire engendrent des difficultés pour la personne, s'il s'agit d'un thème astral individuel). Donc, on considère comme difficiles les aspects qui ont un rapport à la division seulement par deux : les 180° de l'opposition sont la moitié de 360°, les 90° du carré sont la moitié de 180° et les 45°

du semi-carré sont la moitié de 90° ; les 135° du sesqui-carré sont la moitié des 270° du carré dans l'autre sens. Tandis que le trigone (aspect favorable) est le résultat de la division de 360° par trois ; le sextile en est le résultat de la division par 6, c'est-à-dire il y a toujours au moins une division par 3.

On dit que le problème d'une conjonction est d'équilibrer les influences des deux astres qui la forment. Et que l'opposition ressemble à deux personnes qui tirent une corde : tantôt c'est l'une, tantôt c'est l'autre personne qui l'emporte. Le carré porte allusion à deux véhicules qui arrivent à un carrefour en même temps (mais chez les astres il n'y a pas de priorité à droite). Le quinconce est l'aspect du libre arbitre (les astrologues ne sont pas unanimes s'il est favorable ou pas). Cet aspect est souvent considéré comme karmique.

On se rappelle que les signes astraux sont les suivants (les petites lettres c, f et m signifient « cardinal », « fixe » et « mutable », les lettres majuscules F, T, A et E signifient « de Feu », « de Terre », « d'Air » et « d'Eau ») : le Bélier (c, F), le Taureau (f, T), les Gémeaux (m, A), le Cancer (c, E), le Lion (f, F), la Vierge (m, T), la Balance (c, A), le Scorpion (f, E), le Sagittaire (m, F), le Capricorne (c, T), le Verseau (f, A) et les Poissons (m, E). A chacun des quatre éléments Feu, Terre, Air et Eau correspond un signe cardinal (qui introduit la saison correspondante), un signe fixe (qui stabilise les tendances de sa saison) et un signe mutable (qui prépare le passage vers la saison suivante). Les signes d'Air et de Feu sont dits *émetteurs*, ceux de Terre et d'Eau *récepteurs*.

On dit que deux signes astraux sont en (semi)sextile, carré, trigone, opposition ou quinconce si tel est l'aspect entre leurs milieux. Le Lion, par exemple, est en semi-sextile avec ses voisins le Cancer et la Vierge, en sextile avec les Gémeaux et la Balance, en carré avec le Taureau et le Scorpion, en trigone avec le Bélier et le Sagittaire, en quinconce avec les Poissons et le Capricorne et en opposition avec le Verseau.

On peut expliquer les rapports entre les signes astraux comme ça. L'entretien entre deux personnes est toujours lié à l'échange d'énergie. Par exemple, s'il s'agit d'une conversation, c'est l'énergie avec laquelle elles ont chargé les mots. Et c'est non seulement leur sens, mais aussi les intonations et les vibrations de la voix. Ces dernières laissent deviner intuitivement les intentions et le caractère de la personne d'en face, ce qu'elle ferait dans une situation donnée et servent d'indication si on s'entendra bien avec elle ou non. Puis il y a comme énergie les regards échangés, le langage corporel etc. C'est ainsi que les natifs de chaque signe cardinal, fixe ou mutable émettent des ondes respectivement courtes, longues ou moyennes qui sont captées par les autres personnes, décryptées et provoquent ensuite une réponse donnée dans la fréquence du signe de celui qui les a reçues. D'habitude les astrologues ne parlent pas de fréquences mais de modes.

Si les deux personnes sont de signes en trigone (de même élément et de modes différents), elles défendent les vertus et essaient de diminuer l'importance des défauts typiquement générés par le même élément. Donc, les deux personnes se dirigent vers le même but et leurs capacités de l'atteindre se complètent. La même chose, mais moins fortement, est vrai pour deux signes en sextile (les éléments sont différents, mais les deux signes sont à la fois émetteurs ou récepteurs). Par contre, si les signes sont en carré, les deux personnes défendent les vertus de deux éléments différents, ce qui à priori peut être la source de discordes. L'un des signes est émetteur, l'autre récepteur. Les deux personnes sont exposés au danger d'exiger chacun de l'autre ce que l'autre ne peut ou ne veut pas lui donner. Et comme les modes sont les mêmes, cela signifie que ces heurts sont fréquents. Si les signes sont en quinconce ou semi-sextile, il y a toujours un signe émetteur et un récepteur, les modes ne sont pas les mêmes et les deux personnes peuvent arriver à s'entendre sur certains points, mais les difficultés restent tout de même. Toute cette observation reste toutefois simpliste car les rapports entre deux personnes sont influencés par tous les astres, non seulement par le Soleil.

Quand il s'agit d'événements historiques qui ont eu lieu à des dates formant un aspect, on peut s'attendre à ce que les conjonctions, les trigones et les sextiles produisent surtout des événements analogues tandis que les carrés et les oppositions favorisent les contrastes (ou plutôt le mélange d'analogie avec contraste).

Donnons quelques exemples de conjonctions tirés de l'histoire. La plus grande bataille navale de la Première Guerre Mondiale, celle de Jütland, a eu lieu le 31 mai et le 1er juin 1916. L'opération de la destruction du navire de guerre allemand « Bismarck » lors de la Seconde Guerre Mondiale a eu lieu entre le 23 et le 27 mai 1941. En 1916, les pertes britanniques étaient plus importantes que les pertes allemandes, contrairement à 1941. Mais le plus important était qu'après chacune des deux batailles, l'Allemagne a décidé de donner préférence (sur mer) aux attaques de sous-marins contre les navires marchands britanniques. C'est pourquoi on peut dire que la conjonction entre les dates des deux événements est en accord avec leur caractère analogue.

Lors de la Seconde Guerre Mondiale, l'Italie a commencé l'occupation de l'Albanie le 7 avril 1939. L'Allemagne a attaqué la Grèce le 6 avril 1941. Ces deux dates sont en conjonction très exacte et les deux événements sont logiquement liés. L'Italie avait envahi la Grèce en octobre 1940 et avait rencontré une résistance farouche de la part des Grecs. Ce qui a poussé l'Allemagne à secourir son allié l'année suivante. En 1939, on pouvait parler d'une certaine réussite de la part des Italiens ; pourtant, les partisans albanais rendaient la vie dure aux occupants. L'attaque italienne de 1940 contre la Grèce, par contre, était un échec net. En attaquant la Grèce en 1941, l'Allemagne devait ainsi reporter son attaque sur l'URSS.

On trouve un exemple intéressant de conjonction exacte dans l'histoire russe. Le Tsar

Pierre III déchu fut assassiné le 17 juillet 1762 par le Comte Orlov. C'est le 17 juillet 1918 que fut assassinée toute la famille royale à Ekaterinbourg par les bolcheviks lors de la Guerre Civile Russe.

La guerre d'Irak de 2003 a commencé le 20 mars, celle du Kosovo de 1999 a commencé le 24 mars et la campagne militaire occidentale contre le régime de Kadhafi (Opération Harmattan) a débuté le 19 mars 2011. Il s'agit de trois dates en conjonction.

Une autre conjonction, très « contemporaine », serait celle entre les attentats du 11 mars 2004 à Madrid, perpétrés par des terroristes islamistes, ayant emporté 191 vies humaines, et les tueries de Toulouse et Montauban du 11, 15 et 19 mars 2012, quand le terroriste Mohammed Merah a assassiné sept personnes avant d'être abattu par les forces spéciales. C'est aussi le 11 mars 2012 qu'un soldat américain a tué 16 personnes civiles en Afghanistan. Il s'agit dans chacun des cas de meurtres de civils dans le contexte de la tension entre le monde musulman et le monde occidental. Celle-ci s'est accrue depuis les attentats contre World Trade Center du 11 septembre 2001, une date qui est en opposition exacte avec le 11 mars.

En avril 2012, le célèbre marchand d'armes russe Viktor Bout fut condamné à 25 ans de prison aux Etats-Unis. Ce personnage a inspiré les créateurs du film « Lord of War » où le rôle principal est joué par Nicolas Cage. Les dates de naissance de Bout et Cage sont respectivement le 13 janvier 1967 et le 7 janvier 1964. Donc, elles forment une conjonction.

Parlons maintenant de la campagne présidentielle américaine 2012. Au total cinq Républicains s'étaient déclarés candidats potentiels. C'était Mitt Romney (né le 12 mars 1947), Rick Perry (né le 4 mars 1950), Rick Santorum (né le 10 mai 1958), Newt Gingrich (né le 17 juin 1943) et Ron Paul (né le 20 août 1935). Il y a conjonction entre les dates de naissance de Romney et Perry, entre celles de Paul et l'ex-président Bill Clinton (né le 19 août 1946), entre celles de Santorum, de l'ex-président Harry Truman (né le 8 mai 1884) mais aussi de John Wilkes Booth (né le 10 mai 1838), l'assassin de l'ex-président Abraham Lincoln, et enfin entre celles de Gingrich et de l'ex-président George H. M. Bush (né le 12 juin 1924). N'oublions pas de mentionner la présence de deux Rick, ce prénom n'est pas des plus fréquents. Et aussi que le nom de Santorum porte allusion à la raison pour laquelle il a quitté la course. C'était à cause des problèmes de santé de sa fille. Et « Santorum » ressemble beaucoup à « sanatorium ».

Les conjonctions entre les dates de naissance nous rappellent que si un candidat a une chance réelle de devenir président, c'est qu'il est porteur d'au moins une partie des idées qui animent les masses. Sa date de naissance est l'énergie solaire qu'il a reçue, et pour avoir de vraies chances d'être élu il doit plaire aux électeurs, c'est-à-dire émettre l'énergie qui est en ligne avec les besoins de son temps et l'histoire récente de son pays.

2.2. Exemples de couples d'événements dont les dates forment des aspects.

Illustrons les aspects définis ci haut par l'exemple suivant. Le 18 juin 1940, le général De Gaulle s'est adressé aux Français en les incitant à résister à l'occupation nazie. Le 18 mars 1962 il a signé les accords d'Evian mettant ainsi un terme à la guerre d'Algérie. Ces deux dates forment un carré très exact. Dans chacun des deux cas la France assumait une défaite, mais le contraste entre les deux événements est plus important que leur analogie. En effet, au premier cas il s'agissait du *début* de la lutte de libération du pays ; une lutte de laquelle la France allait sortir en tant que vainqueur. Au deuxième cas c'était la *fin* d'une guerre, quand le pays devait accorder l'indépendance à un autre pays à des conditions défavorables aux ressortissants français (les pieds-noirs). Le contraste entre les deux événements est renforcé par le fait que le 8 mai 1945 était à la fois le jour de la victoire dans la Seconde Guerre Mondiale et celui des massacres de Sétif en Algérie, un prélude à la guerre de cette dernière. Dans le contexte de la défaite militaire de 1940, on peut rapprocher également le 18 juin 1940 au 18 juin 1815 (la date de la bataille de Waterloo) qui sont en conjonction parfaite. Ici les parallèles sont plus lointains et pas soudés par une même figure politique telle que le général De Gaulle. Mais, en revanche, l'Allemagne faisait partie des adversaires militaires dans chacun des deux cas.

Notre deuxième exemple concerne les Etats-Unis. En 2004, George W. Bush (né le 6 juillet 1946) fut réélu Président des Etats-Unis contre le candidat démocrate John Kerry (né le 11 décembre 1943). Bush avait choisi comme slogan de sa campagne électorale le combat contre le terrorisme. La mémoire douloureuse des attentats du 11 septembre 2001 ne pouvait que l'aider. Mais il ne faut pas négliger le fait que sa date de naissance frôle le sextile avec le 11 septembre tandis que celle de Kerry est en carré très exact avec elle. Donc, tous les avantages astrologiques étaient du côté de Bush.

Un autre exemple de carré exact entre deux dates serait celui entre le 14 avril 1912 (le naufrage de Titanic) et le 13 janvier 2012 (le naufrage de Costa Concordia). Le carré étant un aspect difficile, il faut chercher du contraste entre les deux événements. Dans cet exemple ce dernier réside dans le nombre de victimes – environ 1500 en 1912 contre 32 en 2012.

Parfois les dates de mort de personnes politiques donnent des allusions à leur passé politique. Par exemple, l'ex-dictateur chilien Augusto Pinochet (né le 25 novembre 1915) est mort le 10 décembre 2006, en carré très exact avec le 11 septembre 1973, la date du coup d'état par lequel il s'est emparé du pouvoir. On peut dire que l'énergie solaire du 11 septembre a marqué sa réalisation. Car c'est à cette date qu'il avait choisi de prendre le pouvoir et de se réaliser en tant que dictateur. Ainsi la date de sa mort (pourtant en période faste, voir le paragraphe suivant) rappelle les atrocités de son régime et le fait que les dernières années de sa vie il était traqué par la justice. C'est logique que si le 11 septembre lui a apporté de la chance, alors, le carré exact avec celui-ci lui serait défavorable. Mais il faut ajouter tout de suite que ce n'était pas le seul facteur pour sa mort. Il y avait aussi le transit de Jupiter, Mercure et Mars (respectivement à 3°38', 3°17' et 3°01' du Sagittaire qui se trouvaient tout près de son Soleil natal à 2°29' de ce signe, lui-même en opposition avec son Ascendant natal à 11°37' des Gémeaux).

Le dirigeant soviétique Nikita Sergéévitch Khrouchtchev (né le 15 ou le 17 avril 1894, mort le 11 septembre 1971) a été renversé le 14 octobre 1964, en opposition avec son anniversaire. On peut se rappeler que dans sa lutte pour le pouvoir après la mort de Staline il avait fait arrêter Lavrentiï Pavlovitch Beria. Ce dernier est né le 29 mars 1899 et fusillé le 23 décembre 1953, en carré avec l'anniversaire. L'arrestation avait lieu le 26 juin 1953, aussi en carré avec l'anniversaire de Beria.

Le 11 décembre 2008, la figure importante du monde financier Bernard Madoff (né le 29 avril 1938) a été arrêtée pour avoir conçu un système pyramidal et avoir ainsi ruiné beaucoup de personnes. Ce fut un scandale majeur qui secoua les Etats-Unis. L'arrestation avait lieu en sesqui-carré avec la date de naissance. Au deuxième anniversaire d'elle, le fils Mark de Madoff s'est suicidé. Cela nous donne l'occasion de nous rappeler que les anniversaires des événements (tristes ou heureux) sont les conjonctions solaires qui nous font revivre ces événements au plan émotionnel.

Le comédien américain Roy Scheider est né le 10 novembre 1932 et mort le 11 février 2008, en carré avec sa date de naissance. Le poète russe Vladimir Vladimirovitch Maïakovski était né le 19 juillet 1893. Il s'est donné la mort le 14 avril 1930, en carré avec sa date de naissance. On peut supposer que ce carré l'a empêché de résister au désir de mettre fin à ses jours. La femme de sa vie Lilya Yur'evna Brik (née le 11 novembre 1891) s'est donné la mort le 4 août 1978, à la limite de l'orbe du carré avec la date de sa naissance.

Les dates de naissance de l'ex-dictateur iraquien Saddam Hussein et de son homme le plus proche Tariq Aziz forment une conjonction parfaite. Il s'agit du 28 avril 1937 et du 28 avril 1936 respectivement. La date à laquelle Saddam Hussein a été capturé par les soldats américains, le 13 décembre 2003, forme un sesqui-carré très exact avec son anniversaire. Une autre conjonction exacte de dates de naissance serait celle entre l'anniversaire du Président français Nicolas Sarkozy (né le 28 janvier 1955) et celui de l'ex-Ministre du Travail, de la Solidarité et de la Fonction Publique Eric Woerth (né le 29 janvier 1956), ami du Président, qui a dû démissionner à cause de son implication dans l'affaire L'Oréal. On observe au passage que les deux couples de dates forment un carré exact.

Un exemple de mort en sesqui-carré serait celui du dictateur libyen Moamar Kadhafi (né le 7 juin 1942, tué le 20 octobre 2011 lors de la guerre en Libye). C'est en sesqui-carré (à la limite de l'orbe) que fut renversé le Président du Mali Amadou Toumani Touré (né le 5 novembre 1948, renversé le 22 mars 2012). Lui-même avait renversé le 26 mars 1991 le Président Moussa Traoré. Observons la conjonction entre les dates des deux renversements. Le Président Traoré est né le 25 septembre 1936. Le jour de sa destitution est en opposition très exacte avec son anniversaire.

Un des commandants des forces allemandes à El Alamein le général Georg Stumme était né le 29 juillet 1886. Le 24 octobre 1942, en carré avec son anniversaire, il est devenu la cible des Britanniques quand il se déplaçait en voiture. Le colonel qui l'accompagnait fut tué. Stumme ne fut pas touché, mais il est mort d'une crise cardiaque.

Le Président des Etats-Unis Richard Nixon (né le 9 janvier 1913, mort le 22 avril 1994) a démissionné le 9 août 1974, en quinconce exact avec sa date de naissance. L'écrivain américain Kurt Vonnegut (né le 11 novembre 1922) est mort le 11 avril 2007, en quinconce exact avec son anniversaire.

Les signes astraux qui sont en opposition ou carré avec le signe astral d'une personne sont, en général, des périodes où elle reçoit des énergies défavorables. C'est pourquoi il faut s'attendre à ce que les gens meurent plus souvent sous ces signes. Tel est le cas de l'homme d'affaires André Bettencourt (fondateur de « L'Oréal »), né le 21 avril 1919 (Taureau), mort le 19 novembre 2007 (sous le signe du Scorpion, qui est en opposition avec le Taureau ; mais l'aspect entre les dates est un quinconce). Tel est aussi le cas de l'écrivain suédois Stieg Larsson (auteur de la trilogie « Millenium »), né le 15 août 1954, mort le 9 novembre 2004. Et aussi celui du général et homme politique français Patrice de Mac-Mahon (né le 13 juillet 1808, mort le 17 octobre 1893). C'est lui qui commandait les troupes françaises lors de la bataille remportée de Magenta le 4 juin 1859. Cette date ne forme pas d'aspect particulier avec sa date de naissance, elle est en semi-carré avec celle de Napoléon III (le 20 avril 1808). En revanche, elle est en carré avec l'anniversaire du commandant autrichien, le Comte Ferencz Gyulai (né le 1er septembre 1798, mort le 1er septembre 1868, le jour de son anniversaire). Donc, on peut dire que l'énergie solaire du jour de la bataille était plus favorable à Mac-Mahon qu'au Comte Gyulai.

Pour clore ce paragraphe, nous donnons une liste d'aspects entre les dates de naissance et de mort de quelques célébrités. Il y a conjonction exacte entre les dates de mort des Roi de France Henry IV (assassiné le 14 mai 1610) et Louis XIII (mort le 14 mai 1643). En conjonction sont les anniversaires de Charles X (le 9 octobre 1757) et Louis-Philippe (le 6 octobre 1773). La conjonction est parfaite entre la date de naissance de Charles III d'Espagne (né le 20 janvier 1716) et la date de la mort de son successeur Charles IV (mort le 20 janvier 1819).

Voici la liste de quelques personnages célèbres dont les dates de naissance et de mort forment des oppositions assez exactes :

> Helmuth von Moltke, général allemand, né le 26 octobre 1800, mort le 24 avril 1891 ;

Edward VII du Royaume-Uni, né le 9 novembre 1841, mort le 6 mai 1950 ;

Alexandre Souvorov, maréchal russe, né le 24 novembre 1729, mort le 18 mai 1800 ;

José de San Martín, général argentin, ayant joué un rôle de premier plan lors des guerres d'indépendance des colonies espagnoles, né le 25 février 1778, mort le 17 août 1850 ;

Enrico Mattei, industriel italien (actif dans la production et exportation de pétrole), né le 29 avril 1906, tué dans un crash d'avion le 29 octobre 1962 ;

La Reine Isabelle II d'Espagne, née le 10 octobre 1830, morte le 10 avril 1904 ;

Jean Gabin, comédien français, né le 17 mai 1904, mort le 15 novembre 1976 ;

Simone Signoret, comédienne française, née le 25 mars 1921, morte le 30 septembre 1985 ;

Emile Zola, écrivain français, né le 2 avril 1840, mort le 29 septembre 1902 ;

Jules de Goncourt, écrivain français, né le 17 décembre 1830, mort le 20 juin 1870.

Donnons des exemples de célébrités dont les dates de naissance et de mort forment des carrés :

Louis XV de France, né le 15 février 1710, mort le 10 mai 1774 ;

Louis Pasteur, scientifique français, né le 27 décembre 1822, mort le 28 septembre 1895 ;

Philippe Pétain, maréchal français, né le 24 avril 1856, mort le 23 juillet 1951 ;

Georges Pompidou, Président de la France, né le 5 juillet 1911, mort le 2 avril 1974 ;

Motilal Nehru, père de Jawaharlal Nehru et activiste du mouvement indépendantiste indien, né le 6 mai 1861, mort le 6 février 1931 ;

Baldur von Schirach, homme politique d'Allemagne nazie, dirigeant de Hitlerjugend, né le 9 mai 1907, mort le 8 août 1974 ;

Erich Maria Remarque, écrivain allemand (« A l'Ouest rien de nouveau »), né le 22 juin 1898, mort le 25 septembre 1970 ;

George Bernard Shaw, écrivain irlandais, né le 26 juillet 1856, mort le 2 novembre 1950. ;

Yul Brynner, comédien américain d'origine russe, né le 11 juillet 1920, mort le 10 octobre 1985 ;

Honoré de Balzac, écrivain français, né le 20 mai 1799, mort le 18 août 1850 ;

Fiodor Dostoïevski, écrivain russe, né le 11 novembre 1821, mort le 9 février 1881.

Les dates de naissance de Louis XVI de France (né le 23 août 1754, décapité le 21 janvier 1793) forment un quinconce très exact.

2.3. Période faste et trou de Saturne.

Les 50 jours qui précèdent l'anniversaire de quelqu'un sont une période où la personne n'est pas chanceuse et son énergie vitale est en baisse. On les nomme « trou de Saturne » dans ce livre. Avez-vous remarqué comme cela arrive souvent d'entendre dire à propos d'un homme célèbre qu'il est mort à peine quelques jours avant son anniversaire ? Mais cette observation concerne non seulement les morts naturelles. Un des exemples des plus convaincants serait sans doute celui du couple Nicolae et Elena Ceauşescu. Leurs dates de naissance sont respectivement le 26 janvier 1918 et le 7 janvier 1916. Après la chute de la dictature communiste en Roumanie en 1989, ils ont été fusillés le 25 décembre 1989. Ils étaient tous les deux dans leurs trous de Saturne respectifs. De plus, le Ministre de la Défense Vasile Milea, un des proches du dictateur, s'est donné la mort le 22 décembre 1989. Selon une des versions, il aurait voulu seulement se blesser pour ne pas avoir à participer à l'étouffement des protestations populaires, mais la balle avait sectionné un artère. Milea était né le 1er janvier 1927. Donc, lui aussi était dans son trou de Saturne.

Un autre exemple de quelqu'un qui n'a pas eu de chance pendant son trou de Saturne serait celui de John Wilkes Booth, l'assassin du Président américain Abraham Lincoln. Booth était né le **10 mai** 1838 et le 14 avril 1865, le jour où il a tiré sur le président, il se trouvait dans cette période néfaste de 50 jours. Il y était toujours le 26 avril suivant, quand il s'est fait encercler et tuer dans une ferme. C'est une coïncidence curieuse que le **10 mai** 2005 est la date à laquelle Vladimir Aroutyunyan a lancé une grenade contre le Président américain George W. Bush lors de la visite à Tbilissi de ce dernier. La grenade n'a pas explosé.

On peut trouver un exemple semblable dans l'histoire française. L'anarchiste célèbre Auguste Vaillant était né le 27 décembre 1861. Le 9 décembre 1893 (c'est-à-dire, 18 jours avant son anniversaire), il a jeté une casserole pleine d'explosif et de clous sur les députés de l'Assemblée Nationale. L'explosion a fait plusieurs blessés (l'auteur de l'attentat y compris). Avec cet acte il voulait venger la mort de son confrère François Claudius Koenigstein (dit Ravachol), né le 14 octobre 1859, exécuté le 11 juillet 1892 (en carré avec sa date de naissance). L'argument de Vaillant devant la cour qu'il ne cherchait pas à tuer, mais seulement à blesser (sinon il aurait rempli la casserole de mitraille) n'impressionna guère les juges et il fut guillotiné le 5 février 1894.

Le Président de la Côte d'Ivoire Laurent Gbagbo, après avoir perdu les élections présidentielles de 2010, a usurpé le pouvoir et provoqué une guerre civile. Il a été déclaré illégitime par la France et d'autres pays. Après des batailles à Abidjan, il a été arrêté le 11 avril 2011, au début de son trou de Saturne (il est né le 31 mai 1945).

Le dictateur du Panama Manuel Noriega, né le 11 février 1934, a été capturé par les commandos américains le 3 janvier 1990 (pendant son trou de Saturne). Il était au pouvoir entre 1983 et 1989. L'opération nommée Nifty Package, qui visait sa destitution, a commencé le 20 décembre 1989, deux jours avant le début de sa période néfaste. Puis le dictateur déchu a connu la prison. Les Américains lui reprochaient d'avoir organisé trafic de drogue, racket et lavage d'argent sale.

Le 1er janvier 1959, la révolution castriste a renversé le dictateur cubain Fulgencio Batista (né le 16 janvier 1901, mort le 6 août 1973). Le jour de la révolution il était donc dans son trou de Saturne. Sans doute Batista, affaibli par le manque d'énergie vitale, n'avait pas pris les bonnes décisions lorsque il s'agissait de commander ses troupes contre les forces castristes.

Le dirigeant tchécoslovaque Alexandre Dubček (né le 27 novembre 1921, mort le 7 novembre 1992) est connu surtout pour son rôle pendant le Printemps de Prague 1968. La date de sa mort se trouve non seulement dans son trou de Saturne, mais elle est hautement symbolique. C'est l'anniversaire du coup d'état des bolcheviks de 1917. C'est précisément l'héritage bolchevik (c'est-à-dire communiste) qu'il voulait réformer en 1968.

La période de 30 jours qui suivent l'anniversaire, par contre, est une période faste et apporte de la réussite. Voici un extrait de la biographie de l'Empereur du Mexique Maximilien 1er (né le 6 juillet 1832). La couronne impériale du pays lui fut offerte par une assemblée de notables à Mexico (sous la pression de Napoléon III) le 10 juillet 1863, pendant sa période faste de 30 jours. Ayant perdu plus tard le soutien actif de Napoléon III il fut renversé, condamné à mort le 14 juin et fusillé le 19 juin 1867, pendant son trou de Saturne.

La guerre des Etats-Unis contre l'Irak de 2003 a commencé le 20 mars, pendant le trou de Saturne du dictateur irakien Saddam Hussein (né le 28 avril, exécuté le 30 décembre 2006). Son ordre d'utiliser du gaz toxique contre les Kurdes d'Halabja a été donné le 16 mars 1988, aussi pendant son trou de Saturne. On voit donc ici deux aspects du trou de Saturne – période où on n'est pas chanceux, mais aussi quand on prend des décisions d'actes infâmes.

L'Empereur russe Alexandre II (né le 29 avril 1818) fut assassiné le 13 mars 1881, en trou de Saturne. Son fils (le futur Alexandre III, né le 10 mars 1845, mort le 1er

novembre 1894) est devenu Empereur suite à l'attentat. Le 13 mars, il se trouvait en période faste. Les rapports entre le père et le fils étaient tendus ; le père réformateur fut suivi d'un fils conservateur. La date de la mort du fils est en opposition très exacte avec l'anniversaire du père, l'anniversaire du fils est en conjonction avec la date de la mort d'Alexandre II. De tels exemples ne sont pas une exception du point de vue de la psycho généalogie, voir le début du paragraphe suivant.

Et pour clore ce paragraphe, voici la liste de quelques personnages célèbres qui sont morts pendant leurs trous de Saturne :

Edward VIII du Royaume-Uni, né le 23 juin 1894, mort le 28 mai 1972 ;

Le Roi Louis XIV de France, né le 5 septembre 1638, mort le 1er septembre 1715 ;

Charles de Gaulle, général et Président de la France, né le 22 novembre 1890, mort le 9 novembre 1970 ;

Joseph Joffre, maréchal français, né le 12 janvier 1852, mort le 3 janvier 1931 ;

Prosper Mérimée, écrivain français, né le 28 septembre 1803, mort le 23 septembre 1870 ;

George Sand, femme de lettres française, née le 1er juillet 1804, morte le 8 juin 1876 ;

Giuseppe Garibaldi, combattant pour l'indépendance italienne, né le 4 juillet 1807, mort le 2 juin 1882 ;

Jean Hyppolyte Cartier de Villemessant, né le 22 avril 1812, mort le 11 avril 1879, journaliste français ayant transformé *Le Figaro* en quotidien ;

Ferdinand VI d'Espagne, né le 23 septembre 1713, mort le 10 août 1759 ;

Charles III d'Espagne, né le 20 janvier 1716, mort le 14 décembre 1788 ;

Ferdinand VII d'Espagne, né le 14 octobre 1784, mort le 29 septembre 1833 ;

Alphonse XII d'Espagne, né le 28 novembre 1857, mort le 25 novembre 1885 ;

Josip Broz (Tito), dirigeant politique yougoslave, né le 7 ou le 25 mai 1892, mort le 4 mai 1980 ;

Francisco Franco y Bahamonde, dictateur espagnol, né le 4 décembre 1892, mort le 20 novembre 1975 (il est mort non seulement en trou de Saturne, mais 39 ans jour pour jour après Primo de Rivera, un autre dictateur espagnol, dont il avait hérité la plateforme politique) ;

Hipólito Yrigoyen, Président de l'Argentine, né le 12 juillet 1852, mort le 3 juillet 1933 ;

Juan Manuel de Rosas, dictateur argentin, né le 30 mars 1793, mort le 14 mars 1877 ;

Nikolaï Alexandrovitch Boulganine, homme politique soviétique, né le 30 mars 1895, mort le 24 février 1975 ;

Léonid Brejnev, dirigeant soviétique, né le 19 décembre 1906, mort le 10 novembre 1982 ;

Le Pape Jean Paul II, né le 18 mai 1920, mort le 2 avril 2005 (il avait été blessé par les balles du terroriste turc Ali Ağca le 13 mai 1981, en trou de Saturne aussi ; et le 12 mai 1982, il eut une deuxième tentative d'assassinat contre lui lors de son voyage en Espagne) ;

Gustave II Adolphe, Roi de Suède, né le 9 décembre 1594, tué le 16 novembre 1632 à la bataille de Lützen lors de la Guerre de Trente Ans ;

Le mathématicien Benoît Mandelbrot, créateur de la théorie des fractals, né le 20 novembre 1924 et mort le 14 octobre 2010 ;

Le chanteur et compositeur français Serge Gainsbourg né le 2 avril 1928 et mort le 2 mars 1991 ;

Le Prince Rainier III de Monaco, né le 31 mai 1923, mort le 6 avril 2005 ;

Gérard Philipe, comédien français, né le 4 décembre 1922, mort le 25 novembre 1959.

2.4. Exemples de synthèse.

Dans ce paragraphe one considère des exemples tirés de l'histoire dans lesquels on trouve la confirmation de la thèse que le trou de Saturne et les aspects astrologiques difficiles sont des périodes où les personnages historiques n'ont pas eu de chance. On présente aussi des exemples illustrant les autres aspects mentionnés, avec des commentaires. A l'encontre des paragraphes précédents, on parle ici d'événements s'étendant sur plusieurs années (voire siècles) et on trouve dans le cadre d'un seul exemple plusieurs aspects entre dates. Mais avant de parler de l'histoire au sens propre, voyons comment des aspects très exacts apparaissent dans la biographie de

John Winston Lennon.

Le musicien anglais célèbre est né le 9 octobre 1940 et assassiné le 8 décembre 1980. Son assassin, Mark David Chapman, est né le 10 mai 1955. Ces trois dates forment une configuration nommé « Yod » : chacune des deux premières dates est en quinconce avec la troisième, et elles-mêmes sont en sextile. Puisque le quinconce (dans un thème astral individuel) est souvent interprété comme porteur de relations karmiques, c'est logique de penser qu'il y avait peut-être un lien karmique entre Lennon et son assassin. Autant de plus que celui-ci partage l'anniversaire avec l'assassin John Wilkes Booth d'Abraham Lincoln. Et que la ressemblance entre les noms « Lennon » et « Lincoln » est non négligeable (premières et dernières lettres identiques et corrélation de 4/6), tandis que l'assassin du président américain s'appelait John comme Lennon, son deuxième prénom ayant les mêmes deux premières lettres que Winston et une corrélation de 50% avec ce dernier. Rappelons-nous que Lennon et Booth exerçaient des métiers scéniques (chanteur et comédien), que Lincoln a été assassiné dans un théâtre et que juste après le coup de feu mortel son assassin a sauté sur la scène avec le cri : « Sic semper tyrannis !» (« Comme ça toujours aux tyrans ! »).

Le premier fils de Lennon, Julian, est né le 8 avril 1963, en opposition avec l'anniversaire de son père. Son deuxième fils Sean est né le 9 octobre 1975, au 35ème anniversaire de son père. La première femme du chanteur, Cynthia, est née le 10 septembre 1939, en semi-sextile avec l'anniversaire de Lennon. Tous ces aspects très exacts confirment la thèse que les rencontres dans la vie ne sont pas aléatoires.

Les Tudor, les Kennedy et les Gandhi.

Comme nous venons de le constater, un cas de conjonctions (et d'autres aspects assez exacts) qui mérite d'être commenté est celui entre anniversaires de parents proches. La généalogie peut donner des résultats très intéressants quand il s'agit de figures politiques, qui doivent remplir des tâches semblables. Dans le livre [2], on mentionne les aspects entre les dates de naissance et de mort du Président de la Tchécoslovaquie Tomáš Garrigue Masaryk et de son fils Jan Masaryk, ainsi que de l'homme politique britannique Arthur Neville Chamberlain et de son frère Joseph Austen Chamberlain. Nous allons considérer dans le même sens la dynastie des Tudor et les familles Kennedy et Gandhi.

Les rois qui se succèdent sur le trône d'un pays et qui appartiennent à une même dynastie doivent être perçus comme des personnes qui remplissent la même tâche (étendue dans le temps). C'est pourquoi il n'est pas surprenant de trouver beaucoup d'aspects exacts entre leurs dates de naissance (et parfois de mort aussi). Voici la liste des monarques d'Angleterre de la dynastie des Tudor avec leurs dates de naissance et de mort :

   Henry VII (né le 28 janvier 1457, mort le 21 avril 1509) ;

   Henry VIII (né le 28 juin 1491, mort le 28 janvier 1547) ;

   Edward VI (né le 12 octobre 1537, mort le 6 juillet 1553) ;

   Jeanne (date de naissance inconnue, morte le 12 février 1554) ;

Mary 1ère (née le 18 février 1516, morte le 18 novembre 1558) ;

Elisabeth 1ère (née le 7 septembre 1533, morte le 24 mars 1603).

On remarque la coïncidence de l'anniversaire d'Henry VII et de la date du décès de son fils (sans tenir compte des années) et leur quinconce exact avec l'anniversaire d'Henry VIII ; la conjonction entre la date de la mort de Jeanne et l'anniversaire de Mary 1ère ; le semi-sextile entre le 21 avril et le 24 mars, le trigone exact entre le 12 octobre et le 12 février, le carré exact entre la naissance et la mort de Mary 1ère, le sextile entre le 28 janvier et le 24 mars, le carré entre celui-ci et le 28 juin.

On trouve des aspects intéressants entre les dates de naissance et décès des trois frères Kennedy :

John Fitzgerald, né le 29 mai 1917, assassiné le 22 novembre 1963 (dans l'orbe de l'opposition avec l'anniversaire). Son arrière grand-père Patrick Kennedy est décédé le 22 novembre 1858, ce qui est une coïncidence curieuse. En revanche, le décès de son père Joseph P. Kennedy Sr le 19 novembre 1969 (toujours dans l'orbe de la conjonction avec le 22 novembre) peut s'expliquer par le chagrin que l'approche de l'anniversaire de l'assassinat de son fils lui a apporté.

Robert Francis, né le 20 novembre 1925 (conjonction avec la mort de son frère), assassiné le 6 juin 1968 (dans l'orbe de la conjonction avec la naissance de celui-ci).

Edward M. dit Ted, né le 22 février 1932 (carré assez exact avec le 20 et le 22 novembre), mort le 25 août 2009 (en opposition avec sa date de naissance et en carré avec le 22 novembre et le 29 mai). Les dates de naissance et de mort échangées (sans tenir compte des années) chez les deux premiers des frères ressemblent à celles des hommes politiques tchécoslovaques (père et fils) Tomáš et Jan Masaryk (voir le livre [2]). Remarquons que sept jours après l'assassinat de John Kennedy, le journaliste célèbre américain Edward Kennedy est mort ; il avait fait des reportages sur la capitulation allemande dans la Seconde Guerre Mondiale ; il était sans parenté avec les trois frères. Et aussi que le fils Edward Kennedy Jr du sénateur Edward Kennedy est né le 26 septembre 1961 (en trigone avec le 29 mai, en semi-sextile avec le 25 août, en sextile avec le 22 novembre et en quinconce avec le 22 février).

La mère du président assassiné, Rose Elizabeth Fitzgerald Kennedy, est née le 22 juillet 1890 et décédée le 22 janvier 1995 (en opposition exacte avec l'anniversaire). Ces deux dates forment respectivement un trigone et un sextile exacts avec le 22 novembre. La date de sa naissance est en conjonction avec celle de son fils Joseph Patrick Kennedy Jr, frère aîné de JFK (né le 25 juillet 1915, mort le 12 août 1944). Et aussi avec celle de Jacqueline Kennedy, la femme du président (née le 28 juillet 1929, morte le 19 mai 1994). La fille Caroline Bouvier Kennedy du président est née le 27 novembre 1957, en conjonction avec le 22 novembre, son fils John F. Kennedy

Jr est né le 25 novembre 1960 et mort le 16 juillet 1999. La sœur Jean Ann Kennedy de JFK est née le 20 février 1928 (en conjonction avec l'anniversaire de son frère Edward).

Considérons les dates de naissance et de mort de quelques représentants du clan Gandhi. Jawaharlal Nehru était né le 14 novembre 1889 et mort le 27 mai 1964. Sa fille Indira Gandhi était née le 19 novembre 1917 (conjonction avec l'anniversaire de son père) et assassinée en trou de Saturne le 31 octobre 1984 (carré exact avec la date de l'assassinat de Mohandas, dit Mahatma, Gandhi le 31 janvier 1948). Son fils Rajiv Gandhi est né le 20 août 1944 (conjonction avec le 18 août 1900, l'anniversaire de la sœur Vijaya Lakshmi Nehru Pandit de son grand-père, diplomate et femme politique). Il fut assassiné le 21 mai 1991 (carré exact avec son anniversaire et conjonction avec la mort de son grand-père Jawaharlal Nehru).

La Russie, le Japon et les Etats-Unis.

Après la guerre entre la Russie et le Japon de 1904-1905, le traité qui a mis fin à celle-ci fut signé à Portsmouth, sur la côte atlantique des Etats-Unis, le 5 septembre 1905. Ce qui nous donne l'occasion de voir par quels diplomates fut signé ce traité.

Du côté russe il s'agissait de :

Serguéï Witte, né le 29 juin 1849, mort le 13 mars 1915 ;

Roman Rosen, né le 24 février 1847, mort le 31 décembre 1921 ;

Fiodor (Friedrich) Martens, né le 27 août 1845, mort le 20 juin 1909 (il était seulement présent, mais pas signataire principal).

Du côté japonais il y avait :

Komura Jutarō, né le 26 octobre 1855, mort le 25 novembre 1911 ;

Takahira Kogorō, né le 29 janvier 1854, mort le 28 novembre 1926.

Les négociations se faisaient sous la supervision directe du Président des Etats-Unis Théodore Roosevelt, né le 27 octobre 1858, mort le 6 janvier 1919.

Remarquons que les années de naissance des représentants japonais sont :

- 1854, l'année de la signature de la convention de Kanagawa par le Commodore Matthew Perry (né le 10 avril 1794, mort le 4 mars 1858, en trou de Saturne) et le shogounat de Tokugawa. Perry était en trou de Saturne aussi quand il signait la convention de Kanagawa. C'est peut-être l'explication pourquoi il ne s'est pas aperçu que la convention fut signée par des représentants du shogounat, mais pas de l'Empereur. Cette omission a eu des conséquences diplomatiques importantes.

- 1855, celle de la signature du traité de Shimoda qui a marqué le début des rapports diplomatiques russo-japonais. (La signature avait lieu le 7 février, en conjonction avec la future attaque japonaise sur Port-Arthur du 8 février 1904.) Le dernier traité a été signé du côté russe par le capitaine de vaisseau Yevfimy Vassilievitch Poutyatine, né le 8 novembre 1803, mort le 16 octobre 1883 (en trou de Saturne). Lors de la signature il était en carré très exact avec son anniversaire. Reste à remarquer que Perry (Bélier) et Poutyatine (Scorpion) étaient des natifs des deux signes de Mars.

Et maintenant considérons les aspects entre les dates de naissance des six protagonistes du 5 septembre 1905. Entre Jutarō et Roosevelt, c'est la conjonction très exacte (aspect favorable). Entre Kogorō et le président, c'est le carré (aspect difficile). Entre ce dernier et les deux premiers représentants russes il y a des trigones exacts et c'est le sextile entre lui et le troisième (aspects harmonieux). Donc, les aspects (tous très exacts) étaient plus favorables aux Russes. Ceci s'est fait sentir dans le fait que Roosevelt a persuadé les Japonais d'accepter que le Japon reçoive seulement la partie Sud de Sakhaline et qu'il ne demande pas d'indemnités de guerre. En faveur de la Russie a joué sans doute aussi la coïncidence des deux premières consonnes des mots « **R**u**s**sie » et « **R**oo**s**evelt ». Et la ressemblance entre « Port-Arthur » et « Portsmouth », car la célèbre forteresse russe est restée emblématique pour la guerre de 1904-1905.

Les anniversaires des deux diplomates japonais sont en carré, ceux de Witte et Rosen (respectivement, de Rosen et Martens et de Witte et Martens) forment un trigone (respectivement, opposition et sextile).

Les Romanov et Raspoutine.

Le dernier Empereur russe Nicolas II était né le 18 mai 1868, sous le signe du Taureau. En général, les rapports entre un Taureau et un Verseau sont difficiles. Il y eut au moins deux figures historiques du signe du Verseau, deux ecclésiastiques, qui ont créé de grosses difficultés à Nicolas II. Le premier était le prêtre Ghéorghiï (Георгий) Apollonovitch Gapone (Гапон), né le 17 février 1870 (carré exact avec l'anniversaire de l'Empereur), tué le 10 avril 1906. Il est resté connu pour l'organisation de la manifestation du Dimanche Rouge, le **22 janvier** 1905. C'est cet événement qui a déclenché la Première Révolution Russe, un défi majeur pour le pouvoir des Romanov.

Le deuxième ecclésiastique était Grigoriï (Григорий) Efimovitch Raspoutine (Распутин), né le **22 janvier** 1869, tué le 29/30 décembre 1916. (Observons au passage la ressemblance entre leurs prénoms et la corrélation de 3/5 entre les noms en orthographe russe.)

Le 22 janvier est en opposition exacte avec le 22 juillet 1613, date à laquelle Michel 1er, le premier des Romanov, a pris la couronne royale. Cette opposition est symbolique – l'influence de Raspoutine sur le Tsar et la Tsarine était néfaste pour la dynastie. L'énergie du 22 juillet que les Romanov ont reçue pour la réalisation de leur dynastie s'opposait à celle du 22 janvier, apportée par Gapone et Raspoutine.

Ce dernier fut assassiné par des conspirateurs dont le chef était le Compte Félix Félixovitch Youssoupov, né le 23 mars 1887, mort le 27 septembre 1836. Ses dates de naissance et de mort sont en opposition. Son anniversaire est en trigone exact (aspect favorable) avec le 22 juillet 1613, ce qui symbolise son rôle de quelqu'un qui tentait de sauver le pouvoir des Romanov. La date de son décès est en carré avec la date de l'assassinat de Raspoutine. Ce qui est naturel – ledit assassinat est un épisode clef de la réalisation politique du comte, donc, ce dernier est devenu sensible pour l'énergie d'une date en carré avec le 29 décembre. Ce carré ne pouvait pas lui apporter du bien. Le sextile entre les anniversaires de Raspoutine et Youssoupov reste sans importance sur le fond des aspects non seulement astrologiques, mais surtout historiques formés par ces dates et le 22 juillet 1613.

Et n'oublions pas que Lénine, à qui on peut attribuer en large partie la chute des Romanov, est né le 22 avril 1870, en carré exact avec le 22 juillet 1613. Et que le 22 janvier 1905, le prêtre Gapone était dans son trou de Saturne.

Le fait suivant fait réfléchir sur l'importance des noms dans l'histoire : le premier et le dernier des Romanov étaient des Michel (Michel, le frère de Nicolas II, déclina l'offre de devenir Tsar après l'abdication de son frère en 1918).

L'exécution et autres dates de la vie de Mussolini.

Walter Audisio (alias Commandante Valerio), né le 28 juin 1909, sous le signe du Cancer, mort le 11 octobre 1973, sous le signe de la Balance (en carré avec le Cancer), a exécuté le 28 avril 1945 Benito Amilcare Andrea Mussolini (dit il Duce), né le 29 juillet 1883, et sa maîtresse Clara (Claretta) Petacci, née le 28 février 1912.

On remarque tout de suite que les aspects entre ces dates sont très exacts. La date de l'exécution est en carre (aspect difficile) avec l'anniversaire de Mussolini et en sextile (aspect favorable) avec celui d'Audisio. Puisque c'est Mussolini (et non Petacci) la figure principale, les aspects favorables (respectivement trigone et sextile) entre l'anniversaire de celle-ci d'un côté, et l'anniversaire de l'exécuteur et la date de l'exécution de l'autre, ne lui ont pas sauvé la vie.

Reste à remarquer que l'anniversaire de Mussolini est en opposition avec celui de Nicolae Ceaușescu (le 26 janvier 1918), un autre dictateur exécuté avec sa compagne. Cette opposition reflète les idéologies opposées sur lesquelles étaient basés leurs pouvoirs, le fascisme et le communisme.

C'était le 28 octobre 1940, en carré exact avec son anniversaire (aspect difficile), que Mussolini a attaqué la Grèce depuis le territoire albanais déjà occupé par l'Italie. Les forces italiennes ont rencontré une résistance forte de la part des Grecs et ont dû être secourues par les Allemands (le 6 avril 1941, en trigone avec le 29 juillet, aspect favorable). C'est aussi en carré avec son anniversaire, entre le 22 et le 29 octobre 1922, que la fameuse marche sur Rome a eu lieu. C'est pendant son trou de Saturne que l'Allemagne a attaqué l'URSS le 22 juin 1941. (L'Italie se trouvait impliquée dans cette guerre qui devait être perdue.) C'est aussi pendant le trou de Saturne del Duce qu'il a reçu la mauvaise nouvelle du débarquement allié en Sicile (le 10 juillet 1943). Elle a été suivie de son renversement du 24-25 juillet 1943, toujours pendant son trou de Saturne.

Mais revenons quelques années à l'arrière. En 1934, il Duce fut désagréablement surpris par la nouvelle de l'assassinat du Chancelier autrichien Engelbert Dollfuss (né le 4 octobre 1892, mort le 25 juillet 1934) qu'il considérait comme son ami. La nouvelle de cet assassinat, Mussolini l'a reçue pendant son trou de Saturne. Par contre, la nouvelle de l'exécution de l'assassin Otto Planetta (né le 2 août 1899, mort le 31 juillet 1934), il l'a reçue en période faste. Le jour de l'assassinat de Dollfuss et le jour de son exécution, Planetta se trouvait en trou de Saturne.

Un des soupçonnés d'avoir été lié à l'assassinat de Dollfuss fut le futur haut fonctionnaire du Troisième Reich Ernst Kaltenbrunner (né le 4 octobre 1903, exécuté le 16 octobre 1946). Observons l'anniversaire partagé avec la victime ainsi que la corrélation de 4/5 entre leurs prénoms (renforcée par les premières lettres identiques). On peut supposer que Kaltenbrunner était vexé (au plan sous conscient) de voir ses propres vibrations mises au service d'idées politiques contraires aux siennes.

Le successeur de Dollfuss fut Kurt Schuschnigg (né le 14 décembre 1897, mort le 18 novembre 1977, en trou de Saturne). Il était opposé à l'Anschluss entre l'Autriche et l'Allemagne nazie. Cet événement a eu lieu le 12 mars 1938, en carré assez exact (aspect difficile) avec l'anniversaire de Schuschnigg.

Revenons à Mussolini. La date du 10 juin (le début du trou de Saturne pour il Duce) apparaît deux fois dans la biographie du dictateur italien. En 1924, c'était le meurtre du député socialiste Giacomo Matteotti qui a ouvertement accusé les fascistes de fraude électorale. Mussolini n'était pas impliqué dans ce meurtre qui a fait en sorte que de nombreux sympathisants du fascisme (en Italie et à l'étranger) se séparent du régime. En 1940, le 10 juin était le début de la participation italienne à la Seconde Guerre Mondiale. L'Italie venait d'envahir le Sud de la France. Son armée n'a pas pu franchir le tronçon Sud de la ligne Maginot (dans les Alpes) et c'est seulement après la défaite française face aux Allemands au Nord que la résistance de la France a cessé dans le Sud aussi.

La guerre de 1935 de l'Italie contre l'Ethiopie a commencé le 3 octobre, en sextile (aspect favorable) avec l'anniversaire du chef d'état. Cette guerre a été gagnée. On peut considérer l'occupation de l'Albanie (entamée le 7 avril 1939, en trigone avec le 29 juillet) comme un succès, sans pourtant oublier la résistance des Albanais. Le bombardement de Barcelone du 16 mars 1938 par des avions italiens (en sesqui-carré, aspect difficile, avec la date de naissance de son commanditaire) peut être considéré comme un événement purement infâme (dirigé en premier lieu contre la population civile). Ce qui ne veut pas dire que la guerre d'Ethiopie et l'occupation de l'Albanie sont des événements plus glorieux.

Parlons un peu de la vie privée de Mussolini. Sa première femme était Ida Dalser (née le 25 août, sous le signe de la Vierge et en opposition avec l'anniversaire de Clara Petacci ; morte le 3 décembre 1937, sous le signe du Sagittaire, qui est en carré avec la Vierge). Ce n'est pas surprenant que deux des autres femmes de sa vie soient nées sous le signe ami du Bélier (Mussolini était Lion) : Rachele Guidi (née le **11 avril** 1890, morte le 30 octobre 1979) et Margherita Sarfatti (née le **8 avril** 1880, morte le 30 octobre 1961). La conjonction parfaite de leurs dates de décès est encore plus remarquable sur le fond du fait que c'est le 31 octobre 1926 que le jeune anarchiste Anteo Zamboni a essayé de tuer il Duce. Zamboni a été lynché sur place. Il était né le **11 avril** 1911 (conjonction parfaite avec l'anniversaire de Guidi et très bonne avec celui de Sarfatti).

Et ce n'est pas la dernière coïncidence étrange. Le 11 septembre 1926, Gino Lucetti (né le 31 août 1900, en conjonction avec l'anniversaire d'Ida Dalser) a lancé une bombe sur la voiture dans laquelle était Mussolini. Sans résultat. Lucetti a été emprisonné. Puis, il est parvenu à s'évader de prison pour mourir lors d'un bombardement le 17 septembre 1943, en conjonction avec la date de son attentat manqué. Avant lui, le **7 avril** 1926, Violet Gibson a tiré sur le dictateur en le blessant sur le nez.

C'est vraiment étonnant comment des dates aussi proches apparaissent dans le contexte des femmes qui ont aimé le Duce et ses assassins ayant échoué.

Le poète Gabriele d'Annunzio.

Le poète et homme politique italien Gabriele d'Annunzio était né le 12 mars 1863 et mort le 1er mars 1938, en trou de Saturne. S'il avait vécu 11 jours de plus, à son 75-ème anniversaire il aurait reçu la mauvaise nouvelle de l'Anschluss de l'Autriche à l'Allemagne nazie. Mauvaise pour lui, car durant la Première Guerre Mondiale (le 9 août 1918), il a survolé Vienne en diffusant des tracts avec un texte renonçant l'emprise allemande sur l'Autriche. D'ailleurs, c'est le 10 septembre 1919 (opposition avec le 12 mars 1938) qu'on a signé le traité de Saint-Germain qui interdisait à l'Autriche ledit Anschluss.

Le 12 septembre 1919 (en opposition avec son anniversaire, donc, en mauvais aspect) d'Annunzio a mené une rébellion à Fiume (aujourd'hui Rijeka), ville croate avec (à l'époque) une majorité italienne. Cette rébellion visait à garder Fiume pour l'Italie. Trois mois plus tard, les rebelles devaient se soumettre à l'opposition du gouvernement italien et rendre la ville.

On peut supposer que dans ses ambitions d'élargir le territoire de son pays, d'Annunzio était influencé par la ressemblance entre son prénom et le nom de Giuseppe Garibaldi (corrélation de 6/8, les deux premières lettres sont identiques et l'ensemble des cinq premières lettres est le même). On peut ajouter que le trigone entre les signes astraux du poète (les Poissons) et du révolutionnaire (le Cancer) avait contribué à cette tendance aussi. Peut-être d'Annunzio avait-il lu certains discours de Garibaldi et avait-il senti au niveau sous conscient ledit trigone. Garibaldi était né le 4 juillet 1807, mort le 2 juin 1882, en trou de Saturne.

La bataille de Waterloo.

La bataille de Waterloo du 18 juin 1815 est considérée comme un des points tournants de l'histoire européenne et mondiale. Elle et la bataille de Ligny deux jours plus tôt sont liées à plusieurs aspects exacts avec des dates d'anniversaire de certains des généraux qui y ont participé. Il semble que l'histoire ait voulu placer les bonnes personnes (pour exaucer ses désirs) au bon endroit et au bon moment.

Commençons par le sextile des dates des batailles avec l'anniversaire de Napoléon Bonaparte (le 15 août 1769). Hélas, cet aspect favorable n'a pas été suffisant pour lui procurer la victoire. Par contre, le trigone (aspect encore plus favorable) avec l'anniversaire du général prussien Friedrich Wilhelm von Bülow (né le 16 février 1755), qui a mené l'attaque prussienne au moment décisif de la bataille de Waterloo, semble lui avoir porté de la chance. Ledit général a fait sa carrière sous la tutelle du général Anton Wilhelm von d'Estocq (né le 16 août 1738, en conjonction avec l'anniversaire de Napoléon Bonaparte et en sextile avec les dates des deux batailles ; mort le 5 janvier 1815). Le feld-maréchal Gebhard Leberecht Blücher, commandant en chef des Prussiens, au contraire, avait son anniversaire (le 16 décembre 1742) en opposition exacte avec la date de la bataille de Ligny. Cet aspect difficile s'est fait sentir – son cheval a été abattu lors de ladite bataille (qui, d'ailleurs, a été perdue par les Prussiens).

Le général hollandais David Hendrik Chassé (né le 18 mars 1765, en carré exact avec le 18 juin) n'avait pas vraiment de chance à Waterloo. Il s'y est distingué par des actions efficaces et a contribué beaucoup à la victoire, mais ces faits n'ont pas été reconnus dans le rapport de Wellington. Car deux ans auparavant, Chassé avait participé à la guerre en Espagne, mais aux côtés des Français et contre Wellington ; en particulier, aux batailles de Vitoria et Maya.

Il est remarquable que Chassé ait affronté à Waterloo le général français Etienne Maurice Gérard. Il allait le rencontrer en tant qu'adversaire lors du siège de la citadelle d'Anvers entre le 15 novembre et le 23 décembre 1832. En 1831, après la révolution belge, il y eut un affrontement entre Belges et Hollandais (les Pays-Bas ne reconnaissaient pas l'indépendance belge). Ces derniers furent chassés par l'Armée du Nord française commandée par le général Gérard, lors de la « Campagne des Dix Jours ». Mais les Hollandais avaient gardé la citadelle d'Anvers, d'où ils pouvaient bombarder la ville. Les Français étaient appelés de nouveau (en 1832) par le Roi belge Léopold 1er, leurs forces étaient dix fois plus importantes que celles de Chassé qui tenaient la citadelle. On peut dire que le général hollandais avait récolté de la gloire en opposant une résistance acharnée. Observons que le début du siège forme un trigone avec son anniversaire, ce qui concorde bien avec la thèse de la gloire de son exploit militaire. Sa date de naissance, par contre, est en carré avec l'anniversaire de Léopold 1er (le 16 décembre 1790), ce qui reflète leurs intérêts contradictoires.

Le jour de la mort de Chassé (le 2 mai 1849) est en conjonction avec l'anniversaire de Wellington (le 1er mai 1769), ce qui n'est pas surprenant – Chassé avait de quoi bouder son supérieur britannique. L'anniversaire de celui-ci est en conjonction avec la date de la mort de Napoléon Bonaparte aussi (le 5 mai 1821, encore une fois, pas surprenant), en semi-carré (aspect dissonant, mais faible) avec les dates des batailles de Ligny et de Waterloo et en semi-carré avec l'anniversaire de Chassé.

Chapitre 3. Les Nœuds Lunaires.

Dans le paragraphe 3.1 on explique la définition des Nœuds Lunaires en termes astronomiques. Le paragraphe 3.2 présente plusieurs extraits de l'histoire où on trouve des couples d'événements analogues avec un écart dans le temps qui est multiple de 18.5 ans, la période de révolution des Nœuds Lunaires. Notre attention est portée sur des événements analogues de l'histoire française moderne, l'histoire européenne contemporaine, l'histoire allemande, autrichienne, hongroise, tchécoslovaque, américaine, mexicaine, chinoise, japonaise et russe.

3.1. Définition astronomique des Nœuds Lunaires.

Si vous observez notre Système Solaire depuis l'Etoile Polaire, vous verrez comment le Soleil tourne autour de son axe (mouvement A) et comment la Terre parcourt son orbite autour du Soleil (mouvement B) en tournant en même temps autour de son axe (mouvement C). Puis, vous verrez la Lune qui parcourt son orbite autour de la Terre (mouvement D) en tournant en même temps autour de son axe (mouvement E) et, bien évidemment, en tournant avec la Terre autour du Soleil. Tous ces cinq mouvements A – E se font dans le sens positif (c'est-à-dire contrairement aux aiguilles de la montre).

L'orbite de la Terre est elliptique, presque circulaire, et le Soleil occupe un de ses foyers. Le plan PT de cette orbite (nommé « plan de l'écliptique ») n'est pas confondu avec le plan PL de l'orbite de la Lune autour de la Terre (elliptique, elle aussi, avec la Terre occupant un des foyers). L'angle défini par ces deux plans est de 5°08'. Ils se coupent le long d'une ligne LN qui est traversée deux fois par l'orbite de la Lune. Les deux points d'intersection sont nommés « Nœuds Lunaires », le Nœud Nord est celui où l'orbite de la Lune sort vers le Nord (c'est-à-dire vers vous, l'observateur) et le Nœud Sud est celui où elle plonge au-dessous du plan PT.

Dans un thème astral, les Nœuds sont donc deux points fictifs qui ne représentent pas des astres réels. Ils sont toujours diamétralement opposés. Par exemple, si le Nœud Nord est à 8°25' du Capricorne, le Nœud Sud sera à 8°25' du Cancer. C'est pourquoi il suffit d'indiquer seulement la position d'un des deux. D'habitude, on choisit le Nœud Nord. Sa position dans un thème astral (signe et maison) fait l'objet de l'astrologie karmique. On associe le Nœud Sud au passé, au karma et à Saturne ; le Nœud Nord est rapproché au futur, au dharma et à Jupiter.

La ligne LN tourne dans le sens négatif. C'est pourquoi dans un thème astral, les Nœuds sont toujours rétrogrades. La ligne fait un tour complet dans 18.5 – 18.7 ans. Ce mouvement est bien plus lent que la révolution de la Terre autour du Soleil et la ligne LN passe deux fois par an par le Soleil. C'est pendant cette période que les éclipses solaires et lunaires ont lieu. Pendant le reste du temps, si vous, l'observateur, percevez le Soleil, la Terre et la Lune comme alignés, en réalité, l'angle de 5°08' fait en sorte qu'il n'y a pas d'éclipse lunaire (si la Terre est entre le Soleil et la Lune), mais Pleine Lune, et qu'il y a Nouvelle Lune si la Lune est entre le Soleil et la Terre (et pas d'éclipse solaire).

Le grand axe de l'orbite de la Lune (celui défini par les deux foyers de cette orbite) tourne dans le sens positif en faisant un tour complet dans 8.85 ans. La Lune Noire est un autre point fictif dans un thème astral et on le définit à l'aide du foyer vide de l'orbite lunaire (le foyer qui n'est pas occupé par la Terre). Dans un thème astral individuel, la Lune Noire représente un point faible, non éclairci, elle admet aussi (comme les Nœuds) une interprétation karmique.

Le paragraphe suivant contient des exemples de couples d'événements historiques l'intervalle de temps entre lesquels est un multiple de la période de la révolution des Nœuds Lunaires, c'est-à-dire 18.5, 37, 55.5, 74, … ans. Il s'agit soit d'événements analogues, soit de débuts et fins de périodes historiques bien définies. Les exemples visent à montrer que quand les Nœuds reviennent sur leur position initiale, c'est souvent un moment où un personnage historique ou une nation doit faire face à son destin (son karma). Ou bien que ceci crée des conditions qu'un événement historique se répète.

On laisse ouverte la question quel orbe il serait raisonnable d'admettre pour que l'on puisse considérer un intervalle de temps comme multiple assez exact de 18.5 ans. D'un côté, une période de la révolution des Nœuds n'est pas exactement égale à 18.5 ans et l'écart entre cette durée et la période exacte doit être mesuré sur les thèmes astraux des deux événements qu'on considère. De l'autre côté, lorsque il s'agit d'événements historiques, on ne peut pas insister sur la précision absolue et une erreur de quelques mois par rapport à la période exacte doit être considérée comme acceptable. Les Nœuds occupent dans ce sens une position intermédiaire entre les aspects entre dates (conjonctions, oppositions etc.) qui sont actifs pendant quelques jours à peine et l'horoscope chinois où les influences planétaires durent une année.

Dans ce livre on ne considère pas d'exemples d'événements l'intervalle entre lesquels soit un multiple impair de la demi période de révolution des Nœuds, c'est-à-dire quand les Nœuds échangent leurs positions. La raison en est que la demi période des Nœuds est proche de la période de la Lune Noire et il serait plus difficile de distinguer les influences des Nœuds de celles de la Lune Noire.

3.2. Nœuds Lunaires et périodicité historique.

Exemples tirés de l'histoire française.

Commençons par quelques exemples de l'histoire française. En 1834, le pays fut secoué par la deuxième révolte des canuts de Lyon et par le massacre de la rue Transnonain, quand Paris se souleva en guise de solidarité avec les ouvriers lyonnais. En 1871=1834+37, c'était la Commune de Paris. Dans chacun des deux cas, celui qui réprimait la rébellion s'appelait Adolphe Thiers. Pas étonnant alors que le mode opératoire était le même aussi – après avoir laissé la ville aux insurgés, il l'encerclait et la reprenait avec des combats de rue. Ajoutons que la Commune de Paris précède de 74=4x18.5 ans les massacres de Sétif (Algérie) du 8 mai 1945, un autre acte d'agressivité intérieure de type insurrection.

Les deux exemples suivants concernent Napoléon III. Entre le départ de Napoléon Bonaparte en 1815 (suite à la défaite de Waterloo du 18 juin) et la proclamation du Second Empire le 1er décembre 1852 il y a à peu près 37 ans. On peut qualifier cette période de « non impériale ». Et entre le 1er décembre 1851 (date à laquelle Napoléon III prit le pouvoir) et le 19 juillet 1870, quand il déclara la guerre à l'Allemagne, il y a à peu près 18.5 ans. Il n'y avait que quelques mois jusqu'au désastre de Sedan du 2 septembre 1870. Dans ce sens, les Nœuds avaient mesuré la durée de son pouvoir.

En 1853, la France est entrée dans la Guerre de Crimée, 74 ans avant le soulèvement des Rifains au Maroc dirigé par Abd el-Krim qui a donné suite à une guerre coloniale. Observons la ressemblance en prononciation entre « Crimée » et « Krim ».

En 1866, la France a mené une campagne de petite envergure (et d'échec) en Corée. En 1940=1866+74, c'était l'échec contre l'Allemagne. Observons que les années 1866 et 1940, vues du côté de l'Allemagne, sont marquées par deux guerres de succès, contre deux pays voisins : l'Autriche et la France. La guerre austro-prussienne de 1866 avait comme « sœur-jumelle » celle de 1870 contre la France ; il s'agissait de deux guerres ayant confirmé l'apparition d'une nouvelle puissance, l'Empire Allemand. A ce propos, on peut remarquer qu'en 1870 et 1944=1870+74, la France a vu la fin du régime d'un homme politique ayant participé à une guerre contre l'Allemagne, respectivement Napoléon III et le maréchal Pétain (connu pour son rôle pendant la Grande Guerre).

En 1961, la Tunisie entame le blocus de la base navale de Bizerte, restée sous contrôle français. Un combat acharné oppose les Français aux Tunisiens entre le 20 et le 22 juillet 1962. Finalement, la base est évacuée en octobre 1963. La crise a commencé à peu près 18.5 ans après la libération de Bizerte des troupes nazies le 7 mai 1943.

Deux des épisodes marquants du passé colonial de la France, l'intervention au

Mexique (1861-1867) et la crise de Fachoda (1898) sont distants de 37 ans. La première, terminée par l'exécution de l'Empereur Maximilien 1er de Mexique le 19 juin 1867, était un échec net ; la deuxième a évolué vers la future alliance avec la Grande-Bretagne (mais au début Fachoda a fait fâcher). Ces mêmes années, 1861 et 1898, apparaissent dans l'histoire américaine aussi, voir plus bas. On peut ajouter que Maximilien 1er (qui était soutenu par la France de Napoléon III) est mort 74 ans après les décapitations de Louis XVI (né le 23 août 1754, mort le 21 janvier 1793, en quinconce avec son anniversaire) et Marie-Antoinette (née le 2 novembre 1755, morte le 16 octobre 1793, en trou de Saturne).

Evénements de l'histoire européenne moderne.

Au lendemain de la Première Guerre Mondiale, plusieurs événements se sont produits qui ont désigné les débuts de périodes historiques longues de 18.5 ans. La fin de chaque telle période a été marquée par le désir de certains pays, la plupart vaincus dans la guerre, de rendre caduc les traités sévères qui leur avaient été imposés.

Le traité de Saint-Germain-en-Laye (signé le 10 septembre 1919) interdisait à l'Autriche l'Anschluss avec l'Allemagne (sauf accord explicite des Nations Unies). Entre les guerres, le pays se trouvait dans une situation économique peu enviable, avec une capitale démesurément grande et sans arrière pays suffisant. De plus, des minorités germanophones assez importantes restaient en dehors de ses frontières (en Tyrol Sud cédé à l'Italie, par exemple). C'est pourquoi les Autrichiens ont massivement approuvé l'Anschluss qui a eu lieu le 12 mars 1938, 18.5 ans après le traité de Saint-Germain. Observons l'opposition très exacte entre le 10 septembre et le 12 mars.

Après la Première Guerre Mondiale, une guerre a opposé la Russie soviétique à la Pologne entre 1919 et 1920. C'est la Pologne qui a gagné cette guerre et le traité de Riga (signé le 18 mars 1921) a obligé la Russie à céder la Biélorussie Ouest et l'Ukraine Ouest. C'est ainsi que la Pologne s'est considérablement élargie vers l'Est. Et cet élargissement n'a duré que 18.5 ans, jusqu'au 17 septembre 1939, date à laquelle les troupes soviétiques sont entrées en Pologne. Cette dernière était déjà attaquée par l'Allemagne nazie le 1er septembre 1939, ce qui fut le début de la Seconde Guerre Mondiale. Encore une fois, les deux dates (le 18 mars et le 17 septembre) sont en opposition très exacte.

Enfin, l'URSS (créée le 30 décembre 1922) a passé 18.5 ans d'existence sans menace majeure jusqu'à l'attaque allemande du 22 juin 1941. Le pays avait été créé dans le contexte de l'échec du mouvement communiste en dehors de ses frontières. Lénine avait rêvé d'une révolution communiste mondiale. En particulier, il avait espéré qu'à la fin de la Première Guerre Mondiale, le prolétariat allemand allait se soulever contre l'impérialisme et renverser ce dernier. Ses espoirs se sont réalisés (en 1918) seulement dans leur première moitié. En 1917, l'Allemagne lui avait permis de voyager sur son territoire en temps de guerre pour qu'il se rende en Russie et organise sa révolution bolchevique. Bien évidemment, l'Allemagne voulait ainsi seulement affaiblir son adversaire. Les hommes politiques allemands n'avaient pas imaginé un autre empire (de plus, communiste) se créer sur le territoire de l'Empire Russe. Et le 22 juin 1941 (18.5 ans après la création de l'URSS), l'attaque éclair de l'Allemagne contre cette dernière était une attaque contre le système communiste aussi. L'Allemagne avait indirectement contribué à la création de ce système.

Dans ce contexte on peut se rappeler que le 16 avril 1922 fut signé le traité de Rapallo entre l'Allemagne et la Russie. Le traité stipulait que les deux pays renonçaient à toutes prétentions territoriales l'un envers l'autre. L'heure de la confrontation n'était pas encore arrivée. Et à peu près 18.5 ans plus tard, en juin 1940, l'URSS occupa les pays baltes. Ceci avait lieu après le partage de la Pologne en 1939 suite au traité Ribbentrop-Molotov. L'Allemagne ne s'est pas opposée à ladite occupation, dans ce sens le traité de 1922 et l'occupation soviétique de 1940 sont deux événements analogues.

Sur l'histoire allemande.

Voici d'autres exemples de la périodicité de 18.5 ans. La bataille de Waterloo du 18 juin 1815 a été pour l'Allemagne le début d'un processus de réunification autour de la Prusse. Cette réunification a été proclamée le 18 janvier 1871, 55,5=3x18,5 ans plus tard. L'année 1834 (qui commence à peu près 18,5 ans après juin 1815) était celle du Zollverein (l'union douanière). Il est vrai, les petits pays germaniques ont adhéré à des moments différents à l'union et le Zollverein n'est pas un événement ponctuel.

C'est le 8 mai 1852=1815+2x18,5 que fut signé le protocole de Londres mettant fin à la première des guerres entre l'Allemagne et le Danemark (dites guerres des duchés). Les hostilités avaient lieu en 1848-1850. La deuxième de ces guerres fut finie en 1864 par le traité de Vienne, signé le 30 octobre 1864. Et 55,5 ans après cette date, en février-mars 1920, le plébiscite au lendemain de la Première Guerre Mondiale a décidé que Schleswig du Nord devenait danois.

L'année 1864 précède de 37 ans l'année 1901, quand l'occupation de la Chine par les huit nations (l'Allemagne, la Russie, la Grande-Bretagne, l'Autriche-Hongrie, les Etats-Unis, le Japon, l'Italie et la France) prit fin. Le but de l'occupation était l'étouffement de la Rébellion des Boxers. C'était l'Allemagne qui assurait le commandement uni des armées. Et c'est 74=4x18,5 ans après le traité de Vienne de

1864 que l'Allemagne a tenté de nouveau de résoudre en sa faveur un problème territorial majeur. Il s'agissait de la conférence de Munich (1938) qui a décidé que la Tchécoslovaquie devait être démembrée et que la région des Sudètes devait être annexée par l'Allemagne.

En 1844, les tisserands de Silésie se sont révoltés. En 1918=1844+4x18,5, c'était la révolution qui a secoué l'Allemagne suite à sa défaite dans la Première Guerre Mondiale. La révolution est venue à peu près 18,5 ans après que l'empire avait commencé à étouffer la Rébellion des Boxers.

Enfin, on peut considérer la période de l'histoire allemande entre la révolution de 1918, l'invasion de l'URSS et sa défaite dans la Seconde Guerre Mondiale de 1945. Cette période vient 129-130 ans après une période analogue de l'histoire française, marquée par les événements analogues tels que la Révolution Française de 1789=1918-129, l'invasion napoléonienne de la Russie et la bataille de Waterloo de 1815=1945-130. C'est-à-dire, la période de l'histoire allemande reproduit 7x18,5 ans plus tard les événements correspondants de l'histoire française. (Voir plus sur ces deux périodes analogues dans le livre [1].)

Les Nœuds de la Lune et l'histoire autrichienne, hongroise et tchécoslovaque.

Donnons encore quelques exemples de couples de changements de pouvoir au bout de multiples de 18.5 ans. Le 2 décembre 1848, François-Joseph 1er est devenu Empereur de l'Autriche. Le 30 mars 1867 (c'est-à-dire à peu près 18.5 ans plus tard), son pays a commencé à s'appeler Autriche-Hongrie. En 1918, c'était la fin de cet empire multinational.

En 1919, le traité de Versailles fixa les frontières de l'Autriche. En 1900-1901, c'est-à-dire 18.5 ans auparavant, l'empire dualiste avait participé à un autre conflit international – la suppression de la Révolte des Boxers.

En 1955=1918+2x18.5, l'Autriche cessa d'être occupée par les alliés ; elle devint république démocratique. Quant à la Hongrie, elle a essayé de corriger le tort qui lui avait été infligé par le traité de Trianon de mars 1920 par les accords de Vienne de la fin 1938, c'est-à-dire 18.5 ans plus tard. Mais sans succès durable. Notons que 37 ans après la révolution de 1919 qui a amené au pouvoir Béla Kun avec sa dictature communiste, le pays fut de nouveau secoué par un mouvement révolutionnaire en 1956, cette fois-ci contre le régime imposé par les soviétiques.

On trouve des intervalles de temps qui sont des multiples de 18.5 ans entre d'autres traités signés à Vienne. Le 30 octobre 1864, le Danemark cédait le Schleswig-Holstein à l'Autriche et à la Prusse. Le 3 octobre 1866, l'Autriche cédait la Vénétie à l'Italie. Le 2 novembre 1938=1864+74, on fixait les nouvelles frontières entre la

Hongrie et la Slovaquie. Le 30 août 1940=1866+74, l'arbitrage de Vienne obligeait la Roumanie à céder la plupart de la Transylvanie à la Hongrie. Il y a 37 ans entre l'annexion de la Bosnie-Herzégovine par l'Autriche-Hongrie en 1908 et la fin de la Seconde Guerre Mondiale (1945).

La Tchécoslovaquie a existé entre 1918 et la fin 1992, c'est-à-dire à peu près 74 ans. Il y a aussi 74 ans entre la fin de la Première Guerre Mondiale et la création du Royaume des Serbes, Croates et Slovènes (1918) et le début de la guerre civile de Bosnie (1992). Mais il faut ajouter tout de suite que la désintégration de la Yougoslavie avait commencé avant 1992. Il est plus logique de considérer le couple d'années 1918-1992 en rapport avec l'Empire Austro-Hongrois (dont la Bosnie et la Tchécoslovaquie faisaient partie) et les états créés à sa place.

L'histoire américaine et mexicaine.

Et maintenant cherchons la périodicité définie par les Nœuds Lunaires dans l'histoire américaine. La Guerre d'Indépendance des Colonies Américaines (1775-1783) précède de 37=2x18,5 ans celle de 1812-1814. Il s'agissait de deux guerres entre les Américains et la Grande-Bretagne. Quant à cette dernière, elle a été vainqueur dans la Seconde Guerre Mondiale (1945) et dans la Guerre des Malouines (1982=1945+37).

Observons que la Guerre d'Indépendance (elle a commencé le 19 avril 1775 par la fusillade de Lexington) a été suivie 166,5=9x18,5 ans plus tard par l'engagement des Etats-Unis à la Seconde Guerre Mondiale, après l'attaque japonaise sur Pearl Harbor du 7 décembre 1941.

Les Etats-Unis ont commencé et ont gagné la guerre contre l'Espagne (de 1898) 37 ans après le début de la Guerre de Sécession (1861-1865). Dans chacun des deux cas, il s'agissait de donner la liberté à de larges groupes de population (respectivement aux Noirs ou aux Cubains ; mais leur pays devait rester sous tutelle américaine).

Les Etats-Unis sont entrés dans la Première Guerre Mondiale en 1917, 74=4x18,5 ans avant 1991, le début de la première guerre d'Irak. Cette dernière (comme la Première Guerre Mondiale) impliquait aussi la participation (directe ou non) de plusieurs pays (l'OTAN, l'Irak et ses voisins Koweït, Israël et Arabie Saoudite).

En 1962, la Crise des Caraïbes a apporté de grandes tensions entre les Etats-Unis et l'URSS et le monde était au bord de la catastrophe nucléaire. En 1999=1962+37, la Guerre du Kosovo était un moment de tension entre les Etats-Unis et la Russie, mais cette dernière n'était pas directement impliquée – elle devait assister impuissante aux bombardements de la Serbie, son allié traditionnel.

Il y a 55,5=3x18,5 ans entre le 13 mai 1846 (le début de la guerre entre les Etats-Unis et le Mexique) et le 5 septembre 1901 (l'assassinat du Président McKinley). C'est sous McKinley que les Etats-Unis se trouvaient en état de guerre contre un autre pays hispanophone, l'Espagne.

Et puisqu'on a mentionné le Mexique, rappelons que le pays a été empire pendant deux périodes, en 1822-1823 et en 1861-1867. La fin du premier empire précède de 37 ans la fin de la guerre civile (dite de la réforme). En 1824, l'empereur déchu et exilé Agustín de Iturbide fut fusillé après sa tentative d'entrer au pays. En 1861=1824+37, le début de l'intervention française allait paver le chemin du deuxième empereur, Maximilien 1er du Mexique, vers le trône. Son exécution en 1867 a eu lieu à peu près 18,5 ans après la fin de la guerre entre les Etats-Unis et le Mexique (1846-1848).

La Chine, le Tibet, le Japon et la Russie.

L'invasion chinoise du Tibet a commencé le 7 octobre 1950, 18.5 ans avant sa confrontation armée avec l'URSS sur le fleuve Oussouri du 2 mars 1969. Dans chacun des deux cas, la Chine essayait de s'emparer d'un territoire qu'il considérait comme lui appartenant.

Le Tibet avait proclamé son indépendance 37 ans auparavant, en 1913. Remarquons que la République de Chine a existé sur le continent entre 1912 (l'abdication du dernier Empereur, suite à la révolte de Wuchang) et 1949=1912+37 (la guerre civile) pour être limitée à Taiwan dans la suite. La guerre civile s'est complètement terminée en mai 1950, à peu près 18.5 ans après l'incident de Mukden du 18 septembre 1931, quand une partie d'un chemin de fer en Mandchourie qui appartenait au Japon fut dynamitée. Cet incident était le prétexte pour le Japon d'occuper ladite province.

Et puisqu'on a mentionné Taiwan, on peut se rappeler qu'il y eut trois crises du détroit de Taiwan, en 1954-1955, en 1958 et en 1995-1996. Les deux premières étaient des tentatives de la part de la Chine de conquérir par les armes certaines îles dans ledit détroit, qui se trouvent près de la côte chinoise. En 1995=1958+37, la Chine populaire a tiré des missiles pour intimider son voisin insulaire qui avait la tendance de se trop rapprocher des Etats-Unis. La crise était surtout au niveau diplomatique.

La Chine a été attaquée par une force multinationale en 1900, suite à la Révolte des Boxers. Le Japon faisait partie de cette force. En 1937=1900+37, ce pays a de nouveau envahi la Chine. Pour cette dernière commençait la Seconde Guerre Mondiale. Pour les Etats-Unis et pour l'URSS elle a commencé en 1941, avec le Blitzkrieg allemand du 22 juin et avec l'attaque japonaise sur Pearl Harbor du 7 décembre, 37 ans après une attaque analogue du 8 février 1904 sur la base navale russe de Port-Arthur. Dans chacun des deux cas (en 1904 et 1941) le Japon attaquait sans avoir déclaré la guerre. L'attaque de Port-Arthur eut lieu 37 ans après la vente d'Alaska de la Russie aux Etats-Unis en 1867. Ces intervalles de 37 ans (les Nœuds Lunaires incarnent le karma) montrent que les destins de ces pays étaient tous liés.

Ajoutons que l'occupation japonaise de l'Extrême Orient de la Russie (suite à la Première Guerre Mondiale et la Guerre Civile Russe) s'est terminée le 24 juin 1922, 18.5 ans après l'attaque sur Port-Arthur (et en conjonction avec le 22 juin 1941, la date de l'attaque allemande sur l'URSS). Pour Sakhaline Nord l'occupation japonaise prit fin en octobre 1922. La décision que le Japon devait évacuer ses troupes de Sibérie fut prise entre le 12 novembre 1921 et le 6 février 1922, quand la conférence de Washington se prononça aussi pour l'indépendance de la Chine. Le Japon était représenté à cette conférence, mais pas la Russie soviétique. Donc, ces deux points importants qui concernaient le Japon étaient décidés à une date (le 6 février 1922) qui est en conjonction avec la signature du traité de Shimoda entre la Russie et le Japon (le 7 février 1855) et l'attaque japonaise sur Port-Arthur.

Chapitre 4. L'horoscope chinois.

Le paragraphe 4.1 rappelle la structure de l'horoscope chinois. Les paragraphes 4.2 – 4.6 sont consacrés à cinq règles concernant la répétition d'événements historiques selon cinq des aspects déjà évoqués à propos de l'horoscope occidental, notamment, la conjonction, l'opposition, le trigone, le carré et le sextile. Le paragraphe 4.7 contient des diverses remarques sur l'horoscope chinois. Le paragraphe 4.8 parle des deux batailles maritimes de Lissa, en Mer Adriatique, comme d'un exemple de deux événements analogues où on trouve à la fois des cas de haute ressemblance de noms, de la périodicité tirée de la révolution des Nœuds et celle définie par l'horoscope chinois.

4.1. Sur la structure de l'horoscope chinois.

Dans le livre [2], on a considéré l'horoscope chinois en rapport avec l'histoire mondiale. On peut se rappeler d'abord que cet horoscope est basé sur douze années nommées d'après les douze animaux sacrés qui se sont présentés devant Bouddha. Ils se succèdent dans l'ordre suivant : le Rat, le Buffle, le Tigre, le Chat (ou le Lièvre), le Dragon, le Serpent, le Cheval, la Chèvre (ou la Brebis), le Singe, le Coq, le Chien et le Cochon (ou le Sanglier). Nouvel An chinois a toujours lieu sous le signe du Verseau, à la Nouvelle Lune. Pour simplifier les expressions, nous allons dire « l'année du Rat 1984 » en référence à l'année du Rat qui a commencé le 2 février 1984 et qui s'est terminée le 19 février 1985.

En même temps, les Chinois distinguent cinq forces naturelles : le Métal, l'Eau, le Bois, le Feu et la Terre. Chaque force naturelle gouverne deux années consécutives. Ainsi après les deux années de Métal (par exemple, du Rat 1960 et du Buffle 1961) viennent deux années d'Eau (en suivant notre exemple, il s'agit du Tigre 1962 et du Chat 1963), deux années de Bois (du Dragon 1964 et du Serpent 1965), deux années de Feu (du Cheval 1966 et de la Chèvre 1967), deux années de Terre (du Singe 1968 et du Coq 1969), puis de nouveau deux années de Métal (du Chien 1970 et du Cochon 1971) etc.

Puisqu'il y a cinq forces naturelles chacune desquelles gouverne deux années consécutives, les années de Métal se terminent toujours par 0 ou 1, celles de l'Eau (respectivement de Bois, de Feu et de Terre) par 2 ou 3 (respectivement par 4 ou 5, par 6 ou 7 et par 8 ou 9).

Donc, une combinaison donnée (animal, force naturelle) se répète pour la première fois 60 ans plus tard. C'est pourquoi on peut dire que le grand cycle de l'horoscope chinois est de 60 ans. Pour plus de détails voir [2] ou [3].

Les aspects entre les années de l'horoscope chinois sont définis par analogie avec les aspects entre les signes astraux de l'horoscope occidental. Par exemple, le Chat est en opposition avec le Coq, en trigone avec le Cochon et la Chèvre, en carré avec le Cheval et le Rat et en sextile avec le Buffle et le Serpent.

Quand nous examinons les répétitions historiques en rapport avec l'horoscope chinois, nous tenons compte du fait que les influences planétaires durent une année entière. Elles ne sont pas ponctuelles comme dans le cas où on parle des aspects selon l'horoscope occidental.

L'Appendice 1 contient les dates de début et de fin des années récentes de l'horoscope chinois.

4.2. La Règle 1.

Une des règles liées à l'horoscope chinois (dite *Règle 1*) affirme qu'une répétition d'événements analogues amenant des changements des paramètres du pouvoir (perte ou gain de territoire, changement de type d'état, monarchie ou république, etc.) a lieu plus souvent quand l'intervalle de temps entre les deux années est un multiple de 60. C'est-à-dire, que de telles répétitions d'événements historiques sont favorisées par la répétition de la combinaison (animal, force naturelle). On se rappelle que c'est pour la première fois dans 60 ans que se reproduit la combinaison Rat de Terre ou Dragon de Feu ou Chèvre de Métal etc. Voici un exemple (le lecteur peut en trouver beaucoup d'autres dans le livre [2]) :

Une bonne partie des « fractures » du Benelux s'est produite dans des années du Tigre de Métal :

En 1830, c'est la révolution belge. La Belgique proclame son indépendance et cesse de faire partie des Pays-Bas.

En 1890=1830+60, le Luxembourg se détache des Pays-Bas. Ces derniers n'avaient pas d'héritier mâle du trône et selon la loi luxembourgeoise, la Reine hollandaise ne pouvait pas régner sur le grand-duché.

En 1950=1890+60, le Roi Léopold de Belgique a cédé le trône à son fils Baudouin. Il voulait ainsi éviter que le fossé se creuse davantage entre les Flamands (majoritairement catholiques, qui voulaient que le Roi reste) et les Wallons (qui avaient voté pour son départ lors du référendum de ladite année). Le référendum sur la question si le Roi pouvait rester ou non était incité par son comportement douteux lors de l'occupation allemande pendant la Seconde Guerre Mondiale.

En 2010=1950+60, les Flamands voulaient imposer la transformation du pays en confédération. La Belgique est restée pendant plusieurs mois sans gouvernement.

En 877, la Bourgogne est constituée en duché. En 1477=877+10x60, elle est rattachée au domaine royal par Louis XI. Donc, elle a changé de statut pour la deuxième fois dix cycles de l'horoscope chinois après la première fois.

Les années 711 et 1491=711+13x60 délimitent la présence des Maures dans la Péninsule Ibérique (la Reconquista s'est terminée en tout début 1492). La prise de Lisbonne le 25 octobre 1147 par les croisés et les Portugais fut partie de ce processus (qui pour le Portugal s'est achevé presque 150 ans plus tôt que pour l'Espagne). Le 8 décembre 1807=1147+11x60, la ville de Lisbonne a été prise par l'armée napoléonienne. Observons que les deux jours, le 25 octobre et le 8 décembre, forment un semi-carré très exact. Cet aspect difficile souligne le caractère contraire des deux prises de Lisbonne – une libération en 1147 et une soumission en 1807.

Dans le livre [1] on donne l'exemple de la guerre civile d'Espagne (qui s'est terminée en 1939) et de celle du Kosovo (1999=1939+60). L'analogie entre ces deux guerres civiles est expliquée par des ressemblances géographiques et historiques entre les Péninsules Ibérique et Balkanique, voir le livre [1]. Les deux conflits mondiaux qui les ont suivies confirment cette analogie ; il s'agit de l'attaque japonaise sur Pearl Harbor (1941) et l'attaque terroriste sur World Trade Center (2001=1941+60), deux attaques aériennes qui ont mis les Etats-Unis et la Russie contre les mêmes adversaires, l'Allemagne nazie en 1941 et le terrorisme islamiste mondial en 2001.

Toujours dans le livre [1], on a expliqué les règles selon lesquelles sont regroupés en cinq sphères d'influence géopolitique directe la plupart des peuples d'Asie et Europe. Il s'agit des sphères de l'Allemagne, la Serbie, l'Irak, la Chine et la Russie. Ainsi les homologues des Tchèques (considérés comme nation de la sphère d'influence de l'Allemagne), sont les Albanais kosovars et les Tchétchènes (respectivement des sphères de la Serbie et de la Russie). En 1939, l'Allemagne nazie a occupé le protectorat de la Bohême-Moravie. En 1999=1939+60, les guerres du Kosovo et (la deuxième guerre) da la Tchétchénie ont eu lieu. Il s'agissait dans chacun des trois cas d'un événement où l'Allemagne ou ses homologues la Serbie et la Russie essayaient d'établir leur contrôle respectivement sur la Tchéquie ou sur ses homologues des deux autres sphères d'influence géopolitique directe. Donc, ce sont la géographie et la Règle 1 ensemble qui expliquent l'analogie entre lesdits événements.

L'homologue de la Slovaquie (homologue qui appartient à la sphère de la Russie), est la Géorgie ; on tient compte que la Slovaquie en 1948 faisait partie de la Tchécoslovaquie. Donc, on peut chercher l'analogie entre le coup de Prague du 25 février 1948 et la guerre d'Ossétie de 2008=1948+60, mais l'analogie est bien plus faible ici et on peut seulement dire qu'il s'agissait dans chacun des deux cas de deux événements d'une importance historique liés à des changements des paramètres du pouvoir : la prise de ce pouvoir par les communistes tchécoslovaques en 1948 et la sécession définitive de l'Ossétie du Sud et de l'Abkhazie d'avec la Géorgie.

4.3. La Règle 2.

Une autre règle (dite *Règle 2*) affirme que souvent des événements liés aux changements des paramètres du pouvoir, mélangeant analogie avec contraste, se produisent dans des intervalles de temps qui sont des multiples impairs de 30 ans. Deux années séparées par un intervalle de temps qui est un multiple impair de 30 ans correspondent à la même force naturelle et sont en opposition : Rat-Cheval, Buffle-Chèvre, Tigre-Singe, Chat-Coq, Dragon-Chien ou Serpent-Cochon. On peut dire que l'opposition (qui est un aspect difficile) favorise l'apparition de contrastes. De la même façon, dans les Règles 3 et 5 qui correspondent à des aspects favorables (trigone et sextile) on va chercher plutôt l'analogie, tandis que le contraste sera présent dans la Règle 4 correspondant au carré.

Voici un exemple illustrant la Règle 2. En 1897, 30 ans après que l'Autriche soit devenue Autriche-Hongrie, on a introduit en Bohême de l'éducation à la fois en langue tchèque et en langue allemande. L'analogie avec 1867 est claire : on reconnaissait l'identité d'un peuple non germanique au sein de l'empire. Le contraste est clair aussi : l'empire est resté dualiste, la réforme ne concernait que l'autonomie culturelle des Tchèques.

Le 10 février 1763, le traité de Paris mit fin à la Guerre de Sept Ans. C'était 30 ans après ce traité que le deuxième partage de la Pologne eut lieu (le 23 janvier 1793). On peut considérer chacun de ces deux événements comme étant à cheval entre deux années de l'horoscope chinois. Dans chacun des deux cas, la Prusse affirmait sa position en tant que puissance militaire. Mais en 1763, elle venait juste de ne pas être écrasée par ses voisins, tandis qu'en 1793, elle s'élargissait considérablement aux dépens de la Pologne.

Considérons un exemple de l'histoire sud-africaine. La Guerre des Boers a **commencé** en 1899. En 1989=1899+3x30, c'était la **fin** du système d'apartheid, cette fin a commencé avec l'arrivée de Frederik Willem de Klerk au pouvoir. Il s'agit dans chacun des deux cas du début d'un tournant de l'histoire de ce pays. Ces deux événements sont bien contrastants aussi : une guerre et un processus pacifique, un début et une fin.

Un autre tel exemple peut être trouvé dans l'histoire du Koweït. Le pays a proclamé son indépendance de la Grande-Bretagne le 19 juin 1961. Le 26 février 1991=1961+30 (en trigone avec le 19 juin), le pays a été libéré de l'occupation irakienne (qui avait commencé en août 1990) par une force multinationale comprenant la Grande-Bretagne. L'analogie entre ces deux événements (devenir indépendant ou libre) cohabite avec le contraste entre un événement pacifique et une opération militaire. De nombreux autres exemples illustrant la Règle 2 sont donnés dans le livre [2].

Le schisme entre les Eglises Catholique et Orthodoxe a eu lieu le 14 juillet 1054. Entre le 13 et le 16 avril 1204=1054+5x30, la ville de Constantinople (siège de l'orthodoxie) a été mise à sac par les chevaliers de la Quatrième Croisade. L'analogie entre ces deux événements est claire – il s'agit de confrontations majeurs entre l'Occident et l'Orient. En 1204, la confrontation avait un caractère nettement agressif (et c'était le signe du Bélier, un signe de Mars), tandis qu'en 1054, par contraste, il s'agissait d'une rupture au plan purement ecclésiastique. Observons aussi que le carré exact entre les dates du 14 juillet et des 13-16 avril souligne le contraste entre les deux événements.

Le 2 novembre 1917, le Secrétaire d'Etat du Foreign Office, Lord Balfour, s'est déclaré favorable à la création d'un foyer juif en Palestine à condition qu'il ne soit porté aucune atteinte aux droits des Arabes. Le 29 novembre 1947=1917+30, l'ONU a adopté le plan de partage de la Palestine. Ces deux événements s'inscrivent dans la même logique qui a mené vers la création de l'état d'Israël. Le contraste entre eux est clair – une déclaration contradictoire contre une décision effective perçue par les Arabes comme inacceptable. Observons que la moyenne arithmétique des deux dates, le 2 et le 29 novembre, serait le 15 ou le 16 novembre, qui est en opposition exacte avec le 14 mai 1948, date de la proclamation par Ben Gourion de l'indépendance d'Israël.

En novembre 1558, la protestante Elisabeth 1ère remplaça la catholique Mary 1ère sur le trône anglais. Ce virage du pays vers le protestantisme lui coûta l'envoi de la Grande Armada espagnole 30 ans plus tard. L'analogie entre les deux événements est claire – il s'agit de deux moments historiques où l'Espagne et l'Angleterre représentaient deux mondes rivaux définis par la différence de religion. Le contraste est évident aussi – il n'y eut pas de confrontation armée en 1558.

On peut trouver de tels couples d'événements aussi par rapport aux homologues géographiques (mentionnés plus haut, où on parle de la Règle 1). En 1959, la Chine populaire écrasa une révolte des Tibétains. En 1989=1959+30, les premières émeutes au Kosovo contre la suppression de l'autonomie de la province par la Serbie ont eu lieu. Cette même année, la Tchécoslovaquie (dont la Tchéquie faisait partie) a vécu sa « révolution de velours ». Le Tibet, le Kosovo et la Tchéquie sont des homologues respectifs des sphères de la Chine, la Serbie et l'Allemagne. Les trois événements sont des tentatives de se libérer du maître qui définit la sphère d'influence géopolitique. L'échec des Tibétains de 1959 contraste avec la réussite pacifique des Tchèques de 1989 et (à long terme) avec celle des Albanais kosovars. Ces derniers ont accédé à l'indépendance en 2008 (indépendance de facto, non reconnue par tous les pays, en particulier, pas par la Serbie).

4.4. La Règle 3.

Dans ce paragraphe, on donne des exemples d'événements qui impliquent les mêmes protagonistes ou qui ont le même sens (ou les deux) et qui se sont produits dans deux années distantes dans le temps par $60k+20$ ou $60k+40$ ans où k désigne un nombre naturel (c'est-à-dire 0, 1, 2 etc.). Par analogie avec l'horoscope occidental, on peut dire que les deux années sont en trigone. De plus, la force naturelle (Métal, Eau, Bois, Feu ou Terre) est la même pour deux années dont la différence est un multiple de 20.

Les couples d'années en trigone sont Rat-Dragon, Buffle-Serpent, Tigre-Cheval, Chat-Chèvre, Dragon-Singe, Serpent-Coq, Cheval-Chien, Chèvre-Cochon, Singe-Rat, Coq-Buffle, Chien-Tigre et Cochon-Chat. Les exemples donnés sont dits d'être en rapport avec la *Règle 3*. Assez souvent la Règle 3 est liée à une chaîne d'années pendant chacune desquelles un aspect d'un problème entre états ou de la société a été concerné. Il n'est pas toujours possible de dire qu'il s'agit d'analogie ou de contraste, mais seulement du même genre de problèmes. Ou des étapes différentes de la résolution d'un même problème.

Dans nos exemples concernant la Règle 3, nous commençons par la France. L'année 1831 (année du Lièvre de Métal) a été marquée par la Révolte des Canuts de Lyon du 21-22 novembre. L'année 1851=1831+20 (Cochon de Métal) a vu le coup d'état de Napoléon III suivi de batailles de rue. Enfin, l'année 1871=1831+40 (Chèvre de Métal) était celle de la Commune de Paris. En somme, il s'agit de trois années en trigone, toutes les trois insurrectionnelles. On peut ajouter aussi le couple 1830-1870, deux années où un souverain a quitté le pouvoir (abdication de Charles X en 1830 (année du Tigre de Métal), suite à la Révolution de Juillet, et de Napoléon III en 1870 (année du Cheval de Métal), suite à la défaite à la Guerre Franco-Prussienne).

L'exemple suivant montre une chaîne d'années en trigone encore plus longue. Il s'agit des changements territoriaux de l'Empire Ottoman :

En 1478 (année du Chien de Terre) l'empire a conquis l'Albanie.

En 1498=1478+20 (année du Cheval de Terre) il a conquis le Monténégro.

En 1538=1498+40 (année du Chien de Terre), suite à sa victoire à la bataille maritime de Preveza, l'Empire Ottoman devient maître de la Méditerranée.

En 1578=1538+40 (année du Tigre de Terre), Tbilissi et la plupart de la Géorgie tombent aux mains des ottomans.

En 1718=1578+2x60+20 (année du Chien de Terre), le traité de Passarowitz (aujourd'hui Požarevac) définit des gains et des pertes territoriaux ottomans. Le vent commence à tourner.

En 1878=1718+2x60+40 (année du Tigre de Terre), suite à la guerre contre la Russie et au Congrès de Berlin, l'empire perd des territoires (création de la Bulgarie, occupation de la Bosnie-Herzégovine par l'Autriche-Hongrie etc.) et est obligé de reconnaître l'indépendance de la Roumanie et de la Serbie.

En 1918=1878+40 (année du Cheval de Terre), le pays se trouve du côté des perdants de la Première Guerre Mondiale, mais le territoire de la Turquie moderne ne sera fixé qu'en 1923 à Lausanne.

Remarquons au passage que la ville de Poźarevac est la ville natale de l'ex-Président yougoslave Slobodan Milošević. Et que la corrélation entre « Preveza » et « Passarowitz » (en tenant compte de la Règle I-U du paragraphe 0.2) est de 5/7 ; les premières lettres sont identiques.

Une autre chaîne d'années en trigone, encore plus longue, concerne l'histoire américaine. Il s'agit d'années où une guerre a commencé ou un président a été tué :

En 1861, c'est le début de la Guerre de Sécession.

En 1881=1861+20, le Président Garfield est assassiné.

En 1901=1881+20, le Président William McKinley est assassiné.

En 1941=1901+40, le pays entre en guerre contre les pays de l'Axe.

En avril 1961=1941+20, les Etats-Unis soutiennent militairement l'opération avortée de la Baie des Cochons.

En 2001=1961+40, le pays déclare la guerre à l'Afghanistan.

Il y a un lien entre les deux événements, l'assassinat d'un président et une guerre : après la mort d'un président américain qui a déclaré une guerre, celle-ci (si elle continuait encore), prenait un caractère plus atroce, voir les détails dans [1]. Ajoutons à la liste les années 1841 (mort du Président William Henry Harrison, mais d'une pneumonie et non d'un assassinat) et 1981 (la tentative d'assassiner le Président Ronald Reagan). Un autre trigone intéressant est défini par les années 1898 (la Guerre Hispano-Américaine) et 1918=1898+20 (fin de la Première Guerre Mondiale).

Les années 1861 et 1881=1861+20 sont deux années cruciales de l'histoire russe aussi. Le 3 mars 1861, le Tsar Alexandre II a signé le décret abolissant le servage. Pour la Russie c'était un pas historique de première importance. Néanmoins, le Tsar n'a pas donné de la terre aux paysans et nombreux étaient ceux d'entre eux qui sont allés en Sibérie. Le 13 mars 1881 (à la limite de l'orbe de la conjonction avec le 3 mars 1861), il a été assassiné par des terroristes qui lui reprochaient de ne pas être allé assez loin avec les réformes de démocratisation de la société.

Nous poursuivons nos exemples par celui des Pays-Bas. Les événements suivants montrent comment le pays (essentiellement protestant) s'est affirmé face aux adversaires catholiques :

En 1548 (année du Singe de Terre), Charles V accorde aux 17 provinces un statut d'autonomie proche de l'indépendance.

En 1568=1548+20 (année du Dragon de Terre), le Duc d'Albe, émissaire de son fils Philippe II d'Espagne, donne l'ordre d'exécuter les nobles hollandais Egmont et Hoorn. Cet événement tragique marque le début de la Guerre de 80 Ans.

Ladite guerre prend fin en 1648=1568+60+20 (année du Rat de Terre), en même temps que la Guerre de Trente Ans.

En 1688=1648+40 (année du Dragon de Terre), Guillaume d'Orange-Nassau renverse le Roi d'Angleterre James II. Cet épisode de l'histoire anglaise est connu comme la Révolution Glorieuse.

Et puisqu'on a mentionné l'année 1648 comme celle de la fin de deux guerres européennes, ajoutons que la Guerre de la Succession Autrichienne est finie par le traité du 18 octobre 1748, 100 ans après les Guerres de 30 et de 80 Ans. Et presque jour pour jour (la paix d'Osnabrück mettant fin à la Guerre de Trente Ans a été signée le 24 octobre 1648).

L'exemple suivant concerne l'URSS. Trois des années marquantes de son histoire forment des trigones. Il s'agit de 1917 (année du coup d'état d'octobre, quand les bolcheviks ont pris le pouvoir), 1937=1917+20 (le paroxysme des répressions staliniennes) et 1977=1937+40 (l'adoption de la constitution de Brejnev, symbole d'une certaine stabilisation ne serait-ce que provisoire du régime communiste). Encore un exemple de l'histoire du pays serait celui des années 1920 et 1940. La première a été marquée par le traité de Tartu reconnaissant l'indépendance des pays baltes, la deuxième a vu l'occupation de ces mêmes pays par l'armée soviétique. On peut ajouter le couple 1919-1939 en rapport avec la Pologne. En 1919, c'est la guerre entre elle et la Russie qui a éclaté et suite à laquelle la Pologne s'est élargie à l'Est. En 1939, l'URSS a récupéré ces territoires cédés. L'année 1939 est également l'année de la guerre avec la Finlande. En 1919, ce pays est devenu une république. Le rapport à la Russie ici est indirect : en 1917-1918 une guerre civile en Finlande a opposé les « rouges » soutenus par la Russie et les « blancs ». Ces derniers ont vaincu.

On peut trouver trois années formant des trigones dans lesquelles les Russes et les Allemands ont été impliqués dans une confrontation majeure. Il s'agit de 1901 (l'étouffement de la Rébellion des Boxers), 1941 (quand l'Allemagne nazie a attaqué l'URSS) et 1961 (quand on a construit le mur de Berlin). En réalité, les Etats-Unis, la Grande-Bretagne, la France et le Japon étaient impliqués les mêmes années aussi : l'attaque japonaise sur Pearl Harbor avait lieu le 7 décembre 1941, en 1941 la France était déjà occupée depuis 1 an et la Grande-Bretagne était en état de guerre contre l'Allemagne. En 1961, la construction du mur de Berlin concernait directement ces deux pays et les Etats-Unis (car ils avaient réuni leurs zones d'occupation pour former Berlin Ouest). En 1901, huit pays sont intervenus en Chine (dont la Russie, l'Allemagne, les Etats-Unis, la Grande-Bretagne, la France et le Japon).

Les rapports entre la Russie et le Japon ont suivi, eux aussi, le rythme des trigones. En 1905, le traité de Portsmouth a obligé la Russie à céder au Japon la base navale de Port-Arthur, Sakhaline du Sud et d'abandonner ses positions et son influence en Mandchourie. Ce traité venait juste après la guerre entre les deux pays de 1904-1905 qui était désastreuse pour la Russie. En 1945=1905+40, au lendemain de la Seconde Guerre Mondiale, l'URSS occupe la totalité de Sakhaline et les Iles Kouriles. Les deux autres traités signés par la Russie et le Japon, ceux de Shimoda (1855) et de Saint-Pétersbourg (1875=1855+20) sont aussi en trigone. Voir les détails en [2].

On trouve des trigones aussi dans l'histoire du Mexique :

En 1821, c'était la fin de la Guerre d'Indépendance (1810-1821).

En 1841=1821+20, les généraux Santa Anna et Paredes commencèrent une rébellion contre le Président Anastasio Bustamante.

En 1861=1841+20, c'était la fin de la Guerre de la Réforme (1857/58-1861) qui a suivie l'adoption de la constitution de 1857. C'était également le début de l'intervention française.

En 1901=1861+40, c'était la fin de la Guerre Caste de Yucatán (1847-1901) menée par les Mayas contre le gouvernement central.

En 1921=1901+20, c'était la fin de la Révolution Mexicaine (1910-1921), qui a commencé et fini exactement un siècle après la Guerre d'Indépendance (donc, en trigone avec elle).

On peut ajouter que le règne de Porfirio Díaz (dit « Porfiriato »), Président en 1876-1880 et en 1884-1911, s'est terminé en 1911, 40 ans après sa tentative échouée de rébellion contre Benito Juarez. Son triomphe contre les forces gouvernementales à Tecoac en 1876 a eu lieu 40 ans après la guerre qui a opposé ce gouvernement et l'état sécessionniste de Texas. (Celle-ci était marquée par la bataille du fort Alamo de 1836.) On peut remarquer aussi que la Guerre Cristero qui a opposé catholiques et anti-catholiques entre 1926 et 1929 est en trigone avec la guerre entre le Mexique et les Etats-Unis (1846-1848).

Deux des guerres entre l'Equateur et le Pérou ont eu lieu en 1941 (quand l'Equateur a perdu ses possessions amazoniennes) et 1981=1941+40 (la Guerre Paquisha).

On peut trouver des trigones entre trois années importantes de l'histoire brésilienne :

En 1824, il y eut la rébellion des états dits de l'Equateur. Son étouffement était le synonyme de la préservation de l'intégrité territoriale.

En 1864=1824+40, c'était le début de la guerre contre le dictateur d'Uruguay Aguirre et de la Guerre de la Triple Alliance (1864-1870), quand le Brésil, l'Argentine et l'Uruguay étaient en guerre contre le Paraguay.

En 1904=1864+40, l'état d'Acre qui fut l'objet d'une dispute territoriale avec la Bolivie et l'arène d'une guerre civile, fut incorporé au Brésil. Il s'agissait, dans tous les trois cas, de décisions qui concernaient directement les intérêts territoriaux du pays.

Les trois années 1948, 1968 et 1988 marquent des étapes différentes de la dictature communiste en Tchécoslovaquie. Le 25 février 1948, c'était le coup de Prague. Les communistes s'emparèrent du pouvoir. En 1968, ces mêmes communistes (plus exactement, ceux qui étaient des réformateurs) voulaient moderniser le visage du communisme. Mais Brejnev ne les entendait pas de cette oreille et ordonna l'invasion soviétique du pays. C'était la fin du printemps de Prague. En 1988, les premières manifestations pacifiques étaient les précurseurs de la Révolution de velours de 1989.

En 1918, l'Allemagne perd la Première Guerre Mondiale et ses positions en Europe. En 1938=1918+20, elle fait d'abord l'Anschluss avec l'Autriche, puis elle impose à la conférence de Munich le partage de la Tchécoslovaquie. Pour l'Autriche, un tel trigone remarquable est formé par les années 1878 (le Congrès de Berlin autorise à ce pays d'occuper la Bosnie-Herzégovine) et 1918=1878+40 (le pays doit accorder la liberté aux nations qui jadis faisaient partie de l'Empire Austro-Hongrois). On peut trouver dans le livre [2] beaucoup d'exemples d'événements analogues et/ou contrastants dans des années qui se terminent par un 8. Parmi eux le lecteur trouvera d'autres exemples de tels trigones.

Pour le Japon, les années 1854, 1894=1854+40 et 1914=1894+20 sont liées respectivement à la signature de la convention de Kanagawa (le Japon s'ouvrait pour l'Occident), le début de la Première Guerre Sino-Japonaise (une victoire décisive japonaise) et l'entrée du pays à la Première Guerre Mondiale.

Dans l'histoire d'Israël et des pays arabes, il y a trois années importantes formant des trigones. Le plan de partage de la Palestine entre les Juifs et les Arabes de 1947 a été suivi de violentes confrontations entre ces deux communautés. En 1967=1947+20, la Guerre de Six Jours a opposé Israël aux pays arabes. En 1987=1967+20, c'était le début de la première Intifada.

Et puisqu'on a parlé de la Palestine, trouvons des trigones parmi les années des croisades :

La Deuxième Croisade (1147-1149) commence 40 ans avant la Troisième (1187-1192) et se termine 80 ans avant la fin de la Sixième (1228-1229). Cette dernière commence 20 ans avant la Septième (1248-1254). La Troisième se termine 20 ans avant la Croisade des Enfants (1212) et 80 ans avant la Neuvième (1271-

1272). Le début de la Cinquième (1217-1221) est en opposition avec le début de la Troisième.

En rapport avec la Troisième Croisade, on peut remarquer que l'île de Chypre a été entre les mains des Occidentaux entre 1191 et 1571=1191+6x60+20.

L'Italie fasciste a attaqué l'Albanie en avril 1939, 20 ans après la déception de la société italienne qui a suivi le traité de Versailles. En 1919, l'Italie voulait toute la Dalmatie. Cette même année, le poète Gabriele d'Annunzio et ses partisans se sont emparés de la ville de Fiume (auj. Rijeka) placée sous administration internationale. En 1939, le pays faisait un nouveau pas vers la création d'un empire colonial qui pourtant ne devait pas durer.

En 1668, 80 ans après la défaite de la Grande Armada en 1588, l'Espagne a reconnu l'indépendance du Portugal. On peut dire que dans chacun de ces cas le pays cédait des positions (d'une manière ou d'une autre). On peut se rappeler qu'en 1588, le Portugal avait aussi contribué avec des bateaux pour la Grande Armada.

En 1795, la Pologne a cessé d'exister suite à son troisième partage. Le grand-duché de Varsovie (créé par Napoléon Bonaparte en 1807, suite au traité de Tilsit) a cessé d'exister en 1815=1795+20 par décision du Congrès de Vienne. Ce n'était que la République de Cracovie qui restait comme état polonais.

4.5. La Règle 4.

Dans ce paragraphe, on donne des exemples d'événements qui impliquent les mêmes protagonistes, qui (comme dans la Règle 2) mélangent analogie avec contraste et qui se sont produits dans deux années distantes dans le temps par $60k+15$ ou $60k+45$ ans où k désigne un nombre naturel (c'est-à-dire 0, 1, 2 etc.). Dans ce sens, la Règle 4 ressemble plus ou moins à la Règle 2. Les deux années liées par la Règle 4 ne correspondent pas à la même force naturelle. On dit qu'elles sont en carré : Rat-Chat, Buffle-Dragon, Tigre-Serpent, Chat-Cheval, Dragon-Chèvre, Serpent-Singe, Cheval-Coq, Chèvre-Chien, Singe-Cochon, Coq-Rat, Chien-Buffle, Cochon-Tigre.

Considérons pour les pays suivants les années 1900 et 1945 : la France, l'Allemagne, l'Autriche, la Hongrie, l'Italie, les Etats-Unis, le Japon, la Grande-Bretagne et la Russie. La première année est marquée par *le début* de la participation de ces neuf nations à la suppression de la Rébellion des Boxers en Chine. La deuxième, c'est *la fin* de la Seconde Guerre Mondiale. Il y a donc le contraste début - fin (et l'analogie entre deux événements à caractère militaire). Mais pour chaque pays le contraste a d'autres dimensions aussi. En 1945, les neuf nations sont partagées entre les vainqueurs et les vaincus dans la guerre. Pour la Chine, le contraste est celui entre ses rôles de pays envahi en 1900 et libéré en 1945.

En restant dans la région, on peut trouver aussi le couple d'années 1905 (*la fin* de la guerre entre la Russie et le Japon) et 1950=1905+45 (*le début* de la Guerre de Corée). Aussi 1907 (la fin de la Première Révolution Russe, une guerre civile gagnée par le Tsar) et 1922=1907+15 (la fin d'une guerre civile en Russie gagnée par les bolcheviks). Et on peut se rappeler qu'en 1922, le Japon devait retirer ses troupes de l'extrême Est de la Russie.

De l'histoire soviétique on peut prendre l'exemple de la répression de la révolte de 1953 en Allemagne Est (les Allemands se rebellaient contre les normes de production trop élevées) et l'étouffement du Printemps de Prague de 1968=1953+15 (les Tchèques ne se rebellaient même pas, ils voulaient seulement donner un visage plus humain au socialisme).

Dans l'histoire polonaise on trouve les révoltes de 1848 contre les Autrichiens et celle contre les Prussiens et de 1863=1848+15 contre les Russes. Suite aux révoltes, l'Autriche a introduit des réformes favorables au développement culturel polonais, la Prusse a fait des promesses de telles réformes (vite oubliées), tandis que la Russie a durement réprimé la rébellion.

Dans l'histoire allemande, on trouve aussi l'exemple des années 1945 et 1990 (contraste entre d'être vaincu dans une guerre et partagé, et d'avoir obtenu sa réunification ; l'analogie n'est présente que dans le changement territorial, mais avec des conséquences contrastantes). On trouve aussi le couple d'années 1844 (le soulèvement des tisserands de Silésie) et 1919=1844+75 (la révolution allemande). L'analogie est claire (il s'agit de deux insurrections). Le contraste est entre leurs causes (les rapports sociaux en temps de paix au premier cas et les conséquences d'une guerre perdue au deuxième).

L'histoire de la Prusse donne l'occasion de comparer le traité de Tilsit (juillet 1807) qui a dépourvu le pays de beaucoup de territoires suite aux défaites contre Napoléon Bonaparte et le bien plus doux protocole de Londres (mai 1852=1807+45) qui a mis fin à la Première Guerre des Duchés (gagnée par le Danemark).

Toujours en Allemagne, la ville de Magdeburg a été assiégée en 1550-1551 par l'Electeur de Saxe Maurice (sans que la ville perde son indépendance) et pendant la Guerre de Trente Ans, quand elle a été saccagée par les troupes de Tilly et Pappenheim ; ce siège avait lieu entre novembre 1630 et mai 1631, c'est-à-dire 80 ans plus tard. On voit dans cet exemple la Règle 3. En 1945=1630+5x60+15, la ville a subi les derniers bombardements alliés. Il y a donc le contraste entre *le début* et *la fin* d'une campagne militaire dirigée contre elle (la Règle 4).

Dans l'histoire de la France on découvre les couples d'années 1815 (*la fin* du règne de Napoléon Bonaparte) et 1830 (*le début* de la monarchie de juillet), 1855 (la fin de facto de la Guerre de Crimée, une guerre *gagnée*) et 1870 (début et fin d'une guerre *perdue*, celle contre la Prusse).

On y trouve également le triplet 1808, 1823, 1838, les années respectivement du soulèvement à Madrid contre les troupes napoléoniennes, la prise du fort Trocadéro par les troupes françaises et la fin de la participation de la Légion Etrangère à la Première Guerre Carliste. Il s'agit de trois interventions militaires en Espagne (c'est l'analogie). En 1808, c'est le début d'une guerre dans laquelle la France joue le rôle de l'oppresseur, ce qui n'est pas le cas en 1823. En 1838, le contraste vient du fait que c'est la fin d'une intervention prolongée et indirecte, tandis qu'en 1823, les opérations militaires étaient de courte durée et il s'agissait d'une attaque directe sur le fort.

On y trouve aussi le triplet 1870 (fin d'une guerre, contre la Prusse, perdue sur le continent), 1885 (fin de la guerre contre la Chine, une guerre coloniale difficile) et 1900 (début d'une guerre coloniale, dirigée contre les Boxers en Chine, relativement facile et gagnée). Il s'agit de guerres (c'est l'analogie) qui diffèrent par le lieu géographique (en Europe ou dans des pays lointains) ou par le niveau de succès.

En 1923, la Bulgarie fut secouée par deux rébellions, celles de juin et de septembre, réprimées durement par l'armée. En 1968=1923+45, l'armée du pays a participé à la répression du Printemps de Prague (aux côtés des armées soviétique, Est-allemande, polonaise et hongroise, sur le territoire d'un autre pays), mais sans causer des victimes.

En 1903, la rébellion en Macédoine et Thrace Orientale de la population slave contre la domination ottomane a été matée. Ces territoires étaient considérés (à l'époque) comme peuplés par des Bulgares ethniques. La lutte était temporairement perdue, mais pas l'espoir de voir un jour ces territoires cédés au pays. En 1918=1903+15, avec la perte de la Première Guerre Mondiale, la Bulgarie a perdu aussi l'espoir de récupérer la Macédoine. (Son occupation de ce territoire durant la Seconde Guerre Mondiale a duré moins de 4 ans.)

En 1899, la Grande-Bretagne a entamé la Guerre des Boers, une guerre coloniale. En 1914=1899+15, elle s'est engagée dans la Première Guerre Mondiale qui a touché directement sa métropole.

En 1812, les Etats-Unis sont entrés en guerre contre la Grande-Bretagne sur leur propre territoire et celui du Canada. En 1917=1812+60+45, ils sont devenus alliés de celle-ci, de la France, l'Italie et de la Russie dans la Première Guerre Mondiale, sur le continent européen. En 1962=1917+45, la crise de Cuba les a confrontés à l'URSS. Contrairement à 1917, il ne s'agissait pas d'une guerre effective, mais seulement de la menace d'une guerre (nucléaire quand même). Et l'alliance indirecte avec la Russie de 1917 était remplacée par la confrontation.

On peut dire qu'en 1836, les Américains étaient en guerre sur le continent américain. (En réalité, il s'agissait de la sécession du Texas d'avec le Mexique. Il devait devenir état américain plus tard.) En 1941=1836+60+45, les Etats-Unis sont entrés en guerre en dehors de ce continent (après l'attaque sur Pearl Harbor). Quant au Mexique, en 1822, c'était le début du Premier Empire (avec la proclamation d'Agustín de Iturbide comme Empereur), tandis qu'en juin 1867=1822+45, on a fusillé le deuxième et dernier Empereur Maximilien 1er. On peut se rappeler que Napoléon III, qui a soutenu ce dernier, a été lui-même proclamé Empereur des Français en décembre 1852=1822+30=1867-15.

En 1945, les Etats-Unis ont *fini* leur participation à une des guerres importantes de leur histoire (la Seconde Guerre Mondiale). Le 15 janvier 1991 (pour l'horoscope chinois c'était l'année du Cheval de Métal qui occupe la plupart de l'année 1990=1945+45), le pays a *entamé* la première guerre d'Irak.

En 1896, l'Italie s'est lancée dans une campagne militaire en Ethiopie qui a échoué : la bataille d'Adoua a été perdue le 1er mars de ladite année. En 1911=1896+15, le pays a commencé la guerre contre la Turquie qui a été gagnée.

La Belgique a retrouvé son indépendance après l'occupation nazie en 1945, avec l'aide militaire d'autres pays. En 1960=1945+15, elle a accordé elle-même (et de façon pacifique) l'indépendance au Congo.

En 1914, l'Europe a connu le début de la Première Guerre Mondiale qui allait changer les frontières et faire tomber quatre empires (l'Allemagne, l'Autriche-Hongrie, la Russie et l'Empire Ottoman). En 1989=1914+60+15, le continent a été le témoin de la chute des régimes communistes. Cela a eu lieu de façon essentiellement pacifique. Les exceptions notables étaient la Roumanie et le début des émeutes au Kosovo (la chute de la Yougoslavie devait arriver plus tard).

4.6. La Règle 5.

Dans ce paragraphe, on donne des exemples de couples d'événements qui impliquent les mêmes protagonistes ou qui ont le même sens (ou les deux) et qui se sont produits dans deux années distantes dans le temps par $60k+10$ ou $60k+50$ ans où k désigne un nombre naturel (c'est-à-dire 0, 1, 2 etc.). Ce sont donc des années en sextile (Rat-Tigre, Buffle-Chat, Tigre-Dragon, Chat-Serpent, Dragon-Cheval, Serpent-Chèvre, Cheval-Singe, Chèvre-Coq, Singe-Chien, Coq-Cochon, Chien-Rat et Cochon-Buffle) et correspondant à la même force naturelle. La *Règle 5* dit qu'il est naturel de rencontrer des couples de tels événements analogues plus souvent que ce qui serait l'espérance moyenne. Il s'agit d'une règle analogue à la Règle 3, mais sans doute un peu plus faible, tout comme le sextile (dans l'horoscope occidental) est considéré comme aspect plus faible que le trigone (mais, en revanche, portant souvent sur des choses plus concrètes).

Voici comment se côtoient les Règles 3 et 5 dans l'histoire japonaise :

En 1894, le Japon a commencé une guerre contre la Chine (en particulier, la flotte japonaise a décimé la marine vétuste chinoise lors de la bataille sur le fleuve Yalou). Puis le Japon a établi un protectorat de fait sur la Corée. La Chine a été obligée (en 1895) de céder au Japon la Formose (Taiwan) et la presqu'île Liao-tong. Mais la Russie, qui convoitait la Mandchourie, a réussi à entraîner avec elle la France et l'Allemagne et à obliger le Japon à rétrocéder ladite presqu'île pour y établir sa base navale de Port-Arthur.

En 1904=1894+10, le Japon a attaqué la base navale russe à Port-Arthur. C'est l'amertume japonaise de 1895 qui a dicté sa décision de faire la guerre à la Russie.

En 1914=1904+10, le Japon s'est rangé du côté de l'Entente dans la Première Guerre Mondiale pour s'emparer en 1919 des colonies allemandes suivantes : les Iles Carolines, Mariannes et Marshall et la base navale de Kiao-tcheou (dans le Chan-tong).

Le 1er mars 1934=1914+20, le pays appuie la montée de K'ang-tö sur le trône de Mandchoukouo qui devient ensuite un état fantoche soumis au Japon.

Un tel mélange des Règles 3 et 5 peut être trouvé dans l'histoire polonaise aussi : le pays a connu des protestations contre le système communiste et des grèves dans les années 1956, 1976 (la Règle 3) et 1970, 1980 (la Règle 5).

Un autre exemple de la Règle 5 est celui des années 1836 (la sécession texane d'avec le Mexique et l'attaque mexicaine qui s'en est ensuivie) et 1846, le début de la guerre entre les Etats-Unis et le Mexique. La cause en était l'annexion du Texas par les Etats-Unis en 1845 et le refus du Mexique de reconnaître la frontière sur Rio Grande.

Encore un tel couple serait l'intervention des huit nations en 1900 en Chine, pour réprimer la Révolte des Boxers, et l'intervention de l'ONU en 1950=1900+50 en Corée, suite à l'attaque de la part de la Corée du Nord. C'était la même région (l'Asie Est) et il s'agissait d'intervention militaire de plusieurs pays contre un seul.

Le déclin militaire du Portugal pendant la deuxième moitié du XVIe siècle a été marqué par la défaite face aux Marocains à la bataille d'Alcácer Quibir (août 1578) et la perte de navires de guerre en 1588 qui faisaient partie de la Grande Armada (à cette époque-là, le Portugal était rattaché à l'Espagne). En 1762, le Portugal a été envahi par des troupes françaises et espagnoles (dans le cadre de la Guerre de Sept Ans). La même année, les Britanniques ont chassé les envahisseurs. C'est en 1812=1762+50 que la Grande-Bretagne a chassé les troupes napoléoniennes du Portugal.

La France a été envahie par l'Allemagne en 1870 et en 1940=1870+60+10.

4.7. Remarques sur l'horoscope chinois et l'histoire.

1) Dans l'horoscope chinois, il est toujours vrai que s'il s'agit de rapports humains, deux natifs de deux années en trigone (respectivement en opposition) ont plus (ont moins) de chance que les autres de s'entendre. Mais l'analogie avec l'horoscope occidental s'arrête là. Par exemple, il y a des écoles d'astrologie chinoise qui affirment que le Tigre et le Cochon (qui sont en carré) peuvent s'entendre suffisamment bien. Donc, il ne faut pas toujours chercher une analogie directe entre les rapports humains et les Règles 1-5. Et puis, quand on définit les Règles 1-5, on tient compte non seulement des rapports entre les 12 animaux sacrés (ce qui serait l'analogue des 12 signes astraux occidentaux), mais aussi des cinq forces naturelles. Ainsi dans le cas de l'horoscope occidental, si on fixe un signe astral, il y en a deux autres qui sont en trigone avec lui, c'est-à-dire deux sur douze. Dans le cas de l'horoscope chinois, si on veut aussi que la force naturelle soit la même, ce rapport est de deux sur soixante.

2) Les hommes aiment apprivoiser des festivités à des anniversaires ronds d'événements historiques. Ce qui semble permettre de créer des couples d'événements qui obéissent aux Règles 1, 2, 3 et 5. Mais en réalité, les vrais tels couples (ceux qui sont importants) sont créés par la logique de l'histoire et non par la volonté des gens d'imiter les événements du passé. On peut donner un exemple dans ce sens tiré de l'histoire de l'Allemagne (et de la Prusse autour de laquelle l'unité allemande s'est faite). Cette unité a été proclamée le 18 janvier 1871, au 170e anniversaire de la Prusse en tant que royaume, avec Frédéric III comme son premier Roi. Donc, il s'agit de la Règle 5. Mais il faut avouer qu'en 1871, l'unité allemande a été scellée par la victoire dans la guerre contre la France et que tout cela faisait partie des intentions de Bismarck. C'est donc le cours des événements qui a décidé quand à peu près cette proclamation devait avoir lieu. Les hommes avaient choisi le jour (le 18 janvier) mais pas l'année de l'horoscope chinois. Même s'ils avaient décidé de proclamer l'unité allemande plus tard, celle-ci serait déjà confirmée de facto par ladite victoire. Dans ce sens, on peut donner un autre exemple, toujours de l'histoire prussienne.

En 1525, la Prusse est devenue un duché sous la suzeraineté de la Pologne, quand le Grand Maître de l'Ordre Teutonique Albert de Hohenzollern a adhéré à la Réforme luthérienne. (Le traité de Cracovie a été signé le 8 avril 1525.) En 1945=1525+7x60, la Prusse a cessé d'exister – son territoire a été partagé entre le Pologne et l'URSS (plus précisément, la Russie et la Lituanie) et sa population allemande a été expulsée. Il s'agit donc de la Règle 1 de l'horoscope chinois. Mais la dissolution de l'Etat de Prusse a été prononcée par le Conseil de contrôle allié plus tard, le 25 février 1947.

On peut remarquer que le mot « Prusse » consiste en « P » (de « Pologne ») et « russe ». (Dans d'autres langues européennes la même remarque (ou presque) reste vraie.) Ce qui symbolise le destin du pays d'être partagé entre la Pologne et la Russie. De plus, sur les cartes géographiques la Pologne se trouve à l'Ouest (c'est-à-dire à gauche, comme le « P ») tandis que la Russie (comme le reste de la Prusse) se trouve à l'Est, c'est-à-dire à droite.

3) Les Règles 1-5 ne peuvent pas être utilisées pour faire des prédictions. Elles montrent seulement que la répétition d'événements historiques est facilitée par certains aspects définis par l'astrologie chinoise, mais elles ne disent pas quand une telle répétition doit avoir lieu. Par exemple, le 26 mars 2010, le navire de guerre sud-coréen Cheonan (de type corvette) a été coulé. La version la plus répandue sur la cause du naufrage fut celle d'un torpillage de la part de la Corée du Nord. Peu importe que cet événement ait eu lieu 60 ans après le début de la Guerre de Corée, il n'a pas provoqué une nouvelle guerre. Néanmoins, c'est belle et bien la Règle 1 qui se manifeste ici – il s'agit d'un acte hostile qui est suffisant pour provoquer une guerre. Le nombre de victimes (46) est plus élevé que ceux des hostilités maritimes précédentes entre les deux pays. C'est seulement en 1958 et 1969 que les deux Corée ont eu des incidents de frontière (terrestres) avec plus de 100 victimes. Et cela n'avait pas lieu (comme en 2010) sur le fond du programme nucléaire Nord-coréen.

Rappelons-nous dans ce sens aussi que l'explosion du navire de guerre américain Maine au port de la Havane en 1898 (un incident de la même nature comme celui du 26 mars 2010) a déclenché la Guerre Hispano-Américaine. Cette dernière a fait perdre à l'Espagne ses dernières possessions coloniales en Amérique. Quant à l'incident avec le navire Cheonan, il n'est pas resté isolé. Le 23 novembre 2010 (en trigone avec le 26 mars), la Corée du Nord a tiré des obus sur l'île d'Enphendo contrôlée par la Corée du Sud, faisant deux morts militaires, deux morts civils, plusieurs blessés et des destructions importantes.

On a mentionné le couple d'années 1950 et 2010 aussi en rapport avec la Belgique aussi – le fossé qui se creuse entre les Flamands et les Wallons. Le point commun entre la Belgique et la Corée est le partage d'un pays entre Nord et Sud. Dans le cas de la Belgique, il s'agissait d'empêcher (en 1950) la scission du pays le long de lignes ethniques, dans celui de la Corée, il s'agissait, au contraire, de parer à la tentative des communistes du Nord de réunir le pays sous leur égide.

4.8. Les deux batailles de Lissa.

Dans ce paragraphe on parle de deux batailles navales qui ont eu lieu en même endroit. Les analogies entre elles permettent de trouver dans un seul couple d'événements analogues, à côté d'une coïncidence de noms, l'empreinte de l'horoscope occidental en termes d'aspects entre dates, de la périodicité historique définie par la révolution des Nœuds Lunaires et, enfin, de celle donnée par l'horoscope chinois. C'est notre dernier exemple de synthèse.

L'île de Lissa (Vis) en Mer Adriatique a été le témoin de deux batailles navales, la première le 13 mars 1811, la deuxième le 20 juillet 1866. L'intervalle de temps entre elles est de 55,5=3x18,5 ans. Au premier cas, c'était un engagement naval entre les Français et les Vénitiens d'un côté et les Britanniques de l'autre. Au deuxième cas c'était les Italiens contre les Autrichiens. Dans chacun des deux cas le deuxième adversaire a gagné la bataille en disposant de forces inférieures.

L'île de Lissa contrôle l'accès à la côte dalmatienne, ce qui explique la coïncidence géographique des batailles. La première d'elles (suivie d'un engagement naval ultérieur) a eu comme conséquence l'impossibilité pour la France de poursuivre ses projets d'expansion en Mer Adriatique. On se rappelle que c'était la période des Guerres Napoléoniennes. Quant à la deuxième, elle faisait partie de la guerre de la Prusse et l'Italie contre l'Autriche. La victoire des Prussiens à Sadowa du 3 juillet 1866 contre les Autrichiens préfigurait déjà l'issue de la guerre et permettait à l'Italie de s'emparer de la Vénétie. Mais l'échec à Lissa a néanmoins empêché ce pays d'aller plus loin dans son élargissement territorial. On se rappelle qu'à cette époque-là il y avait beaucoup d'Italiens qui habitaient la côte dalmatienne et l'Italie considérait ce territoire comme un qui lui revenait de droit.

Donc, chacune des deux batailles avait des conséquences importantes au plan stratégique. Suite à sa victoire à Lissa, l'amiral autrichien a mérité (à titre posthume) qu'une nouvelle classe de navires de guerre (utilisés lors de la Première Guerre Mondiale) porte son nom.

Donnons les noms des commandants navals avec leurs dates de naissance et de mort :

Bernard Dubourdieu, né le 28 avril 1773, mort le 13 mars 1811 (en bataille et en trou de Saturne) ;

William Hoste, né le 26 août 1780, mort le 6 décembre 1828 ;

Carlo di Persano, né le 11 mars 1806, mort le 28 juillet 1883 ;

Wilhelm von Tegetthoff, né le 23 décembre 1827, mort le 7 avril 1871.

On voit bien que les vainqueurs portent le même prénom, qu'ils ont une corrélation de 4/5 entre leurs noms et que von Tegetthoff est né moins d'un an avant la mort de Hoste. Mais plus intéressant encore est la conjonction entre la date de naissance de di Persano et celle de la première bataille.

Puis, les anniversaires des autres trois commandants (Dubourdieu – Taureau, Hoste – Vierge et von Tegetthoff – Capricorne) forment trois trigones assez exacts. Les dates des morts de Hoste et von Tegetthoff sont en trigone. Si di Persano avait vécu encore une semaine, on aurait trois dates de mort formant trois trigones aussi. Mais le commandant italien s'est éteint à mi-chemin entre l'anniversaire de la bataille qu'il avait perdue (le 20 juillet, qui est en conjonction avec la date de sa mort) et ledit trigone. Cet anniversaire l'avait sans doute beaucoup chagriné.

L'intervalle de temps entre l'année de la mort de Dubourdieu et celle de von Tegetthoff est de 60 ans, ce qui fait penser à la Règle 1 liée à l'horoscope chinois. Il y a à peu près 55,5=3x18,5 ans entre la naissance de Dubourdieu et la mort de Hoste, ainsi qu'entre la naissance de von Tegetthoff et la mort de di Persano. Un peu trop de coïncidences pour quatre personnes, pour qu'on ne soit pas tenté de penser à un lien karmique entre elles. Et que l'histoire n'avait vraiment pas très bien préparé la répétition d'un événement en dirigeant les bonnes personnes vers le même endroit.

Appendice 1. Débuts et fins des années de l'horoscope chinois.

On donne ici la liste des débuts et fins des années de l'horoscope chinois entre 1911 et 2008. Les sigles « M », « E », « B », « F » et « T » signifient respectivement « de Métal », « d'Eau », « de Bois », « de Feu » et « de Terre ».

Du 30.01.1911 au 17.02.1912 et du 27.01.1971 au 14.02.1972 – Cochon M.

Du 18.02.1912 au 05.02.1913 et du 15.02.1972 au 02.02.1973 – Rat E.

Du 06.02.1913 au 25.01.1914 et du 03.02.1973 au 22.01.1974 – Buffle E.

Du 26.01.1914 au 13.02.1915 et du 23.01.1974 au 10.02.1975 – Tigre B.

Du 14.02.1915 au 02.02.1916 et du 11.02.1975 au 30.01.1976 – Chat (Lièvre) B.

Du 03.02.1916 au 22.01.1917 et du 31.01.1976 au 17.02.1977 – Dragon F.

Du 23.01.1917 au 10.02.1918 et du 18.02.1977 au 06.02.1978 – Serpent F.

Du 11.02.1918 au 31.01.1919 et du 07.02.1978 au 27.01.1979 – Cheval T.

Du 1er.02.1919 au 19.02.1920 et du 28.01.1979 au 15.02.1980 – Chèvre T.

Du 20.02.1920 au 07.02.1921 et du 16.02.1980 au 04.02.1981 – Singe M.

Du 08.02.1921 au 27.01.1922 et du 05.02.1981 au 24.01.1982 – Coq M.

Du 28.01.1922 au 15.02.1923 et du 25.01.1982 au 12.02.1983 – Chien E.

Du 16.02.1923 au 04.02.1924 et du 13.02.1983 au 1er.02.1984 – Cochon E.

Du 05.02.1924 au 24.01.1925 et du 02.02.1984 au 19.02.1985 – Rat B.

Du 25.01.1925 au 12.02.1926 et du 20.02.1985 au 08.02.1986 – Buffle B.

Du 13.02.1926 au 1er.02.1927 et du 09.02.1986 au 28.01.1987 – Tigre F.

Du 02.02.1927 au 22.01.1928 et du 29.01.1987 au 16.02.1988 – Chat (Lièvre) F.

Du 23.01.1928 au 09.02.1929 et du 17.02.1988 au 05.02.1989 – Dragon T.

Du 10.02.1929 au 29.01.1930 et du 06.02.1989 au 26.01.1990 – Serpent T.

Du 30.01.1930 au 16.02.1931 et du 27.01.1990 au 14.02.1991 – Cheval M.

Du 17.02.1931 au 05.02.1932 et du 15.02.1991 au 03.02.1992 – Chèvre M.

Du 06.02.1932 au 25.01.1933 et du 04.02.1992 au 22.01.1993 – Singe E.

Du 26.01.1933 au 13.02.1934 et du 23.01.1993 au 09.02.1994 – Coq E.

Du 14.02.1934 au 03.02.1935 et du 10.02.1994 au 30.01.1995 – Chien B.

Du 04.02.1935 au 23.01.1936 et du 31.01.1995 au 18.02.1996 – Cochon B.

Du 24.01.1936 au 10.02.1937 et du 19.02.1996 au 06.02.1997 – Rat F.

Du 11.02.1937 au 30.01.1938 et du 07.02.1997 au 27.01.1998 – Buffle F.

Du 31.01.1938 au 18.02.1939 et du 28.01.1998 au 15.02.1999 – Tigre T.

Du 19.02.1939 au 07.02.1940 et du 16.02.1999 au 04.02.2000 – Chat (Lièvre) T.

Du 08.02.1940 au 26.01.1941 et du 05.02.2000 au 23.01.2001 – Dragon M.

Du 27.01.1941 au 14.02.1942 et du 24.01.2001 au 11.02.2002 – Serpent M.

Du 15.02.1942 au 04.02.1943 et du 12.02.2002 au 31.01.2003 – Cheval E.

Du 05.02.1943 au 24.01.1944 et du 1er.02.2003 au 20.01.2004 – Chèvre E.

Du 25.01.1944 au 12.02.1945 et du 21.01.2004 au 08.02.2005 – Singe B.

Du 13.02.1945 au 1er.02.1946 et du 09.02.2005 au 28.01.2006 – Coq B.

Du 02.02.1946 au 21.01.1947 et du 29.01.2006 au 16.02.2007 – Chien F.

Du 22.01.1947 au 09.02.1948 et du 17.02.2007 au 06.02.2008 – Cochon F.

Du 10.02.1948 au 28.01.1949 – Rat T ; du 29.01.1949 au 16.02.1950 – Buffle T.

Du 17.02.1950 au 05.02.1951 – Tigre M ; du 06.02.1951 au 26.01.1952 – Chat (Lièvre) M.

Du 27.01.1952 au 13.02.1953 – Dragon E ; du 14.02.1953 au 02.02.1954 – Serpent E.

Du 03.02.1954 au 23.01.1955 – Cheval B ; du 24.01.1955 au 11.02.1956 – Chèvre B.

Du 12.02.1956 au 30.01.1957 – Singe F ; du 31.01.1957 au 15.02.1958 – Coq F.

Du 16.02.1958 au 07.02.1959 – Chien T ; du 08.02.1959 au 27.01.1960 – Cochon T.

Du 28.01.1960 au 14.02.1961 – Rat M ; du 15.02.1961 au 04.02.1962 – Buffle M.

Du 05.02.1962 au 24.01.1963 – Tigre E ; du 25.01.1963 au 12.02. 1964 – Chat (Lièvre) E.

Du 13.02.1964 au 1er.02.1965 – Dragon B ; du 02.02.1965 au 20.01.1966 – Serpent B.

Du 21.01.1966 au 08.02.1967 – Cheval F ; du 09.02.1967 au 28.01.1968 – Chèvre F.

Du 29.01.1968 au 16.02.1969 – Singe T ; du 17.02.1969 au 05.02.1970 – Coq T.

Du 06.02.1970 au 26.01.1971 – Chien M.

Appendice 2. L'alphabet cyrillique.

Le tableau contient les lettres des alphabets russes et bulgares. Le sigle SVPP signifie « sans valeur phonétique propre », (B) indique cette valeur dans l'alphabet bulgare, (R) dans l'alphabet russe. Les lettres « ё », « ы » et « э » n'existent qu'en russe, les lettres « ъ » et « щ » ont des valeurs phonétiques différentes dans les deux langues. La lettre « щ » est souvent translittérée (par tradition et par absence d'analogue phonétique complet) comme « chtch ». La lettre « е » (en russe) est translittérée ou comme « yé » ou comme « é ». Dans les autres langues slaves et écrites en lettres cyrilliques il y a d'autres lettres aussi qui ne sont pas données dans ce tableau.

Lettre	Valeur phonétique approchée ou transcription	Lettre	Valeur phonétique approchée ou transcription
А, а	a	Р, р	r
Б, б	b	С, с	s
В, в	v	Т, т	t
Г, г	g	У, у	ou
Д, д	d	Ф, ф	f
Е, е	é(B), yé(R)	Х, х	kh
Ё, ё	yo(R)	Ц, ц	tz
Ж, ж	j, zh	Ч, ч	tch
З, з	z	Ш, ш	ch
И, и	i	Щ, щ	cht(B) ch appuyé (R)
Й, й	i court	Ъ, ъ	a fermé(B) SVPP(R)
К, к	k	Ы, ы	y(R)
Л, л	l	Ь, ь	SVPP
М, м	m	Э, э	è(R)
Н, н	n	Ю, ю	yu
О, о	o	Я, я	ya
П, п	p		

Références.

[1]. Vladimir Petrov Kostov, Les règles de l'histoire, Editions Bénévent 2009, Nice.

[2]. Vladimir Petrov Kostov, L'histoire et ses règles, Editions Bénévent 2010, Nice.

[3]. Qiu Lin, Le nouveau guide de l'astrologie chinoise, Editions De Vecchi S. A. 1995, Paris.

[4]. Didier Colin, Manuel pratique d'astrologie, 1996 Hachette.

[5]. Wikipedia.

[6]. Michel Mourre, Dictionnaire Encyclopédique d'Histoire (en 9 volumes). Ed. Larousse-Bordas, 1997.

[7]. Elisabeth Teissier, Astrologie passion, Hachette 1992.

Oui, je veux morebooks!

i want morebooks!

Buy your books fast and straightforward online - at one of world's fastest growing online book stores! Environmentally sound due to Print-on-Demand technologies.

Buy your books online at
www.get-morebooks.com

Achetez vos livres en ligne, vite et bien, sur l'une des librairies en ligne les plus performantes au monde!
En protégeant nos ressources et notre environnement grâce à l'impression à la demande.

La librairie en ligne pour acheter plus vite
www.morebooks.fr

VDM Verlagsservicegesellschaft mbH
Heinrich-Böcking-Str. 6-8
D - 66121 Saarbrücken

Telefon: +49 681 3720 174
Telefax: +49 681 3720 1749

info@vdm-vsg.de
www.vdm-vsg.de

www.ingramcontent.com/pod-product-compliance
Lightning Source LLC
Chambersburg PA
CBHW031714230426
43668CB00006B/213